大家之家

科技卷 1

车吉心 谭好哲 主编

泰山出版社 · 济南 ·

图书在版编目（CIP）数据

大家之家. 科技卷. 1 / 车吉心, 谭好哲主编. --济南：泰山出版社, 2020. 1
ISBN 978-7-5519-0562-6

Ⅰ. ①大… Ⅱ. ①车… ②谭… Ⅲ. ①科学家—列传—世界 Ⅳ. ①K811

中国版本图书馆CIP数据核字（2019）第166858号

主　　编　车吉心　谭好哲
策　　划　胡　威　梁晓东
责任编辑　程　强　王艳艳　徐甲第
装帧设计　路渊源

DAJIA ZHI JIA：KEJI JUAN 1
大家之家：科技卷 1

出　　版　泰山出版社
社　　址　济南市泺源大街2号　邮编　250014
电　　话　总编室（0531）82022566
市场营销部（0531）82025510　82023966
网　　址　www.tscbs.com
电子信箱　tscbs@sohu.com
发　　行　新华书店
印　　刷　东港股份有限公司
规　　格　787 mm × 1092 mm　16开
印　　张　12.75
字　　数　180 千字
版　　次　2020 年 1 月第 1 版
印　　次　2020 年 1 月第 1 次印刷
标准书号　ISBN 978-7-5519-0562-6
定　　价　46.00 元

序 言

呈现于读者面前的这套丛书命名为《大家之家》。所谓大家，即世界史上科技文化领域卓越非凡之人物，或曰伟大人物，而大家之家，乃大家曾经所居之所也。

在人类文明的发展史上，涌现出无数堪称大家的人物，他们以其令人景仰的道德品行、永载史册的丰功伟业、博大精深的文化创造，将人类历史的浩瀚长空映照得美丽璀璨。这些文明史上的大家，以各自超凡拔俗的人生业绩，在历史的舞台上展示出生命的奇迹与荣光，也铸就了人类文明的辉煌与魅力，其成就、思想与精神为后人所神往、敬仰以至崇拜，成为泽被后世的永恒精神财富。

诚如19世纪英国著名文学家、社会批评家和历史学家托马斯·卡莱尔所言，伟大人物是历史上的英雄，也是世界历史的精华，世界史上所取得的种种成就都烙刻着他们的创造，在广义上说是他们思想的外化和具体化。因此，追随大家的生命历程，与大家相识相知，以他们为人生的借镜与楷模，不仅能够领略人类文明的雄壮景观与创造精华，也能够从中获得无穷的人生教益与生命动力。卡莱尔满怀激情地写道："对于这些伟大人物，无论你以什么方式同他们接近，他们都是你有益的朋友。一个伟大人物，尽管他并不十全十美，我们也不能小觑他，从而失去他的帮助。他是一束光，靠近他就使人愉悦欢欣。他是一束耀眼的光芒，照亮了世界上的黑暗；他绝不仅仅是一盏点燃的灯，而是一颗沐浴着上帝的恩泽而闪闪发光的明星；在我看来，这永不熄灭的光芒使人茅塞顿开，令人刚毅坚强，促人英勇崇高。在它的照耀下一切人无不感到愉快，无论何时，人们都不会因此而生倦意。"这段由衷的赞美，也正体现出本丛书为大家立传的用意所在。

当然，历史上的大家也都是尘世中人，他们之所以能够成就其人生与事业之大，不是靠神灵的独特恩宠，也不完全是靠人生的偶然与运气，而主要是靠个人的努力与奋斗。其努力与奋斗的人生轨迹千差万别难以尽述，然而又有殊途同归的相似相同之处可以言说，其中之一便是家对于人生成长与成败所具有的意义。人人都生而有家。家是生命的孕育之地，是人生的成长之所，也是生命的行走驿站，亲情、友情、爱情、乡情都会在家里留下或深或浅的印记，甚至科技发明和文化创造中的苦思与妙想、艰辛与欢欣等等，也往往冥冥之中与家有着不解之缘。因此之故，历史悠久的家会成为物质文化遗存，名人故居更是成为人们倍加珍视的一种文化遗产。这种遗产是一个国家与民族历史文化成就的重要标志，不仅对于研究人类文明的演进具有重要意义，而且对于展现世界文化多样性也具有独特作用。这又是本丛书聚焦于“大家之家”的用意所在。

“大家之家”，既是大家之故居，也是大家之精神所在，还是人们游览与精神朝拜的场所。作为一种独特的历史和文化遗存，大家故居，虽然历经时光淘洗而往往物是人非或旧貌不再，但依然记录并留下了曾居其中的大家日常生活的点点滴滴，沉淀着历史、人文、经济、社会等诸多信息，成为名人精神的象征物，具有无可替代的人文价值和历史意义。本丛书着眼于通过“家”这种有形的文化遗存，来展现人类无形的精神文化遗产，以期达成对青少年甚至一般社会人士进行优秀文化传承教育之目的，从出版的角度也是希望能够在优秀文化传承教育方面另辟蹊径，作出新的探索。

本丛书从读者易于接受的角度考虑，在书写方式上也做了大胆的尝试。全书各篇都从大家的居住之处切入历史，以专业而通俗、轻松而深刻的文字为大家作传，通过对大家的人生故事、辉煌成就及思想创造的描写与评述，带领读者走进大家的成长过程、情感世界及奋斗历程，进而走进大家的精神世界，领略其博大的思想、境界和胸怀。这种写法以“大家之家”作为精神旅游的目的地，由作者作为一个面对读者娓娓道来的精神导游者，大大拉近了普通读者与伟大人物之间的历史与精神距离，避免了读者由于学识不足或专业隔膜带来的阅读障碍。相信每一位智慧而有志向的读者都能通过书中大家的奋斗经历和辉煌业绩，获得生命启示，点燃生命激情，树立远大理想，沐浴着精神的阳光走上人生奋斗之路，攀上人生理想之巅，像书中的大家一样无愧于自己的人生之旅，绽放出生命的大美与崇高！

谭好哲

（山东大学文艺美学研究中心教授、博士生导师）

2019.7

目 录

哥白尼 / 1

伽利略 / 20

开普勒 / 41

牛 顿 / 60

法拉第 / 78

达尔文 / 100

巴斯德 / 121

法布尔 / 144

赫胥黎 / 161

麦克斯韦 / 178

哥白尼

在距波兰首都华沙西北约213公里的维斯瓦河畔，有一座美丽的城市——托伦。这是一座历经800年岁月洗礼的精巧古城。托伦之所以闻名遐迩，是因为著名天文学家哥白尼（1473—1543）出生于此，并在此生活了18年，这里是哥白尼受到启蒙，走向科学的起点和摇篮。哥白尼被称为“托伦之子”，不仅是托伦人的骄傲，也是波兰人的骄傲。

1997年，托伦中世纪古城作为文化遗产被列入《世界遗产名录》。虽然托伦目前只有20万常住人口，但每年吸引着世界各地150多万游客慕名而来，他们既为一睹托伦的古城风貌，也为探寻哥白尼这位伟人的成长轨迹。

在有着700多年历史的老城旧市政厅前，耸立着一座高大的青铜雕像，雕像中的哥白尼左手举着天体运行仪，右手轻轻抬起，眼睛坚毅地望着天空，仿佛还在思考关于宇宙的未解之谜。雕像基座上，刻着这样一句拉丁文：“哥白尼，托伦市民，他让地球转动，令太阳和天空静止。”托伦古城内，处处可见纪念哥白尼的景物：有以哥白尼的名字命名的街道，还有哥白尼天文馆和哥白尼大学

哥白尼故居（波兰托伦）

等，街头摊贩出售的许多纪念品也与哥白尼有关。

哥白尼是波兰乃至世界伟大的天文学家，他用手中的笔“推动”地球，使之旋转起来。但有趣的是，哥白尼并非专业的天文学家，而是一名身居要职的神职人员。谁又能想到他的皇皇巨著是他业余研究的成果呢？了解哥白尼的人们常常讨论身为“大家”的哥白尼究竟应该算是个什么“家”，因为哥白尼的身份远不止于杰出的天文学家，他也是一名医生——主教的私人医生，却免费为穷人治病，被誉为“神医”；他更是民族英雄——外敌侵略波兰时，他挺身而出，保卫自己的祖国。与此同时，他还涉猎翻译、绘画……若没有超人的智慧和毅力，一个人绝难达到如此高的境界。然而，光环的背后，却是无尽的曲折和坎坷：年仅十岁，便父母双亡；苦尽甘来，却病魔缠身；得遇知音，又被迫分离；巨著写就，但发表阻碍重重。到最后，呕心沥血写就的理论巨著尽管面世，却被篡改得面目全非……

丹麦著名天文学家第谷·布拉赫是哥白尼的崇拜者，他曾为哥白尼写下这样的评语：

“力大无比的巨人能够搬起一座山来加到另一座山上，可是雷的劈击却能把巨人制服——比起所有这些巨人，哥白尼一个人不知要坚强多少，伟大多少，幸福多少。他把整个地球连同所有的山岳举起来迎向群星，雷的劈击却不能把他制服。”①

哥白尼是仰望星空、探索宇宙的巨人，又是造福一方、改变世界的伟人。哥白尼离我们而去已近 500 年，但当我们的目光再次回到维斯瓦河两岸，回到托伦古城，我们便会深切地感受到，这位伟大的先驱为我们留下了多么宝贵的遗产。

河畔童年

在哥白尼生活的时代，商业和手工业发达的托伦是一座富有的城市。维斯瓦河紧贴着托伦城流过，这条波兰的第一大河，把托伦同华沙、古都克拉科夫，以及北方的波罗的海连成一线。历史上，曾有大量粮食和货物从托伦沿着维斯瓦河运到格但斯克港。发达的航运使托伦迅速富裕起来，伴随着经济的持续发展与文化的繁荣，托伦的政治地位也逐渐提高。

在托伦古城圣安娜街 17 号有一座红砖砌成的三层哥特式楼房，1473 年 2 月 19 日，尼古拉·哥白尼就出生在这里。这座楼房和街道上的其他楼房一样，比较狭窄，每一层的正面有三个窗户，从这些窗口便能看到维斯瓦河的粼粼波光，还有繁忙的码头和河里往来穿梭的商船。这些船满载粮食、蜂蜜、柏油、石蜡、铜扣和裘皮，驶向格但斯克的海港，然后装载着鲜鱼、海盐和衣料从格但斯克返回。从远方返航的船舶，甚至载有来自遥远的阿拉伯国家的货物。这些往来于小城和港口之间的船只，无不在向少年哥白尼诉说着世界的精彩。

在 15 世纪上半叶，托伦是一座强盛富有的城市，处于发展的鼎盛

① 岑特科夫斯基. 哥白尼传 [M]. 董福生，译. 北京：新华出版社，1988：2.

时期。托伦不仅是波兰和匈牙利的货物转运港，也是德国、英国、意大利以及斯堪的纳维亚半岛国家的货物转运港；托伦商人的足迹几乎遍布整个欧洲。

彼时的托伦商业繁荣，商贾云集，少年时期的哥白尼经常见到来自五湖四海的外国人，时常聆听从波兰大城市克拉科夫或更遥远的异国城市返回的水手与商人们讲述旅途中的见闻与故事，这一切使哥白尼开阔了眼界，增长了知识，让他对这个未知的世界充满了好奇和兴趣。

哥白尼生于一个富裕的商人家庭，他的父亲不仅是一位精明强干的商人，还是颇具影响力的城市议会的议员，他的母亲巴尔巴拉·瓦兹洛德是名门闺秀。有这样优渥的家境，哥白尼的童年无疑是幸福无忧的。他在位于圣安娜街的家里，看着大河里往来的船帆度过了自己的幼年。哥白尼 7 岁时,随父母搬入城市中心的一座条件更为优越的房子里生活。在城外维斯瓦河畔的葡萄园里，哥白尼的父亲还建造了一座度假别墅，当哥白尼的父母度假时，也常带哥白尼前往。父母还时常邀请城里的各界名人前来聚会，那些通晓文学与音乐的人士给哥白尼讲述了许多有趣的故事，从天文地理到奇闻逸事，这一切都给哥白尼留下了深刻的印象，在哥白尼的心中埋下了求知的种子。

托伦的教育事业，是随着城市一起发展起来的，这让哥白尼自童年起便受到了良好的教育。在发展教育方面，波兰当时走在欧洲国家的前列，平均每千人有一所市属学校或教会学校。较为发达的教育，为大众文化的形成创造了良好条件，也为日后文艺复兴时期的文化普及奠定了基础。哥白尼是在两个时代更替时期上学读书的，那时的学校虽然还是中世纪的学校，但文艺复兴的思想已经开始对当时的教育产生影响。哥白尼学习了四种人文课程，在这里他初次接触了天文学。

哥白尼 10 岁时，父母相继去世。哥白尼的舅舅、学识渊博的人文主义者乌卡什·瓦兹洛德主教，承担起了照顾哥白尼的义务，并继续让他接受当时最好的教育。1491 年，19 岁的哥白尼被舅舅送到克拉科夫大学读书，从此开始了他的大学时代。

求学之旅

大学时代成了哥白尼一生中的转折时期。在克拉科夫，哥白尼可以有机会接触一些来自意大利的著名人文主义者，这座城市给哥白尼留下了深刻的印象。克拉科夫当时不仅是波兰的政治、经济和社会活动中心，还是科学与艺术之城，它拥有克拉科夫大学这一按照教皇旨意设立的著名高等学府。克拉科夫大学是今日的盖亚隆大学的前身，当时吸引了不少外国学者与各界著名人物。在克拉科夫大学学习期间，对哥白尼影响最大的是数学和天文学教授——沃伊切赫，他是当时欧洲最著名的天文学家之一，他最得意的门生便是哥白尼，他唤醒了哥白尼对天文学的终生兴趣，比如哥白尼发现月亮的运行轨道并不像人们说的那样是完美的圆形，而是椭圆形的，这项十分重要的发现，就有赖于沃伊切赫的指导。同时，对哥白尼来说，这位教授还是公民道德、爱国主义精神和其他各种美德的楷模，可谓学者和人文主义者的典范，影响了哥白尼的一生。

天文学在哥白尼生活的时代是备受重视的学科，教会需要天文学家准确计算出所有不固定日期的节日或仪式在当年的准确日期。局限于当时的科技水平，计算日期与编制日历，都属于极为复杂的工作，以至于王公大臣和各级权贵的官邸里，为了计算准确时间与日期，几乎都需要

托伦古城

哥白尼雕像

有一位占星学家。这种占星学家的角色通常是由天文学家来充当的。同时，在那个地理大发现的时代，天文学对导航也有重要的作用，是冒险家们征服大海的有力武器。进行远洋航行的人，靠观测星宿掌握方向，他们在长期的漂泊中积累了大量观测经验与数据，这促进了天文学的发展。哥白尼在克拉科夫大学读二年级的时候，哥伦布发现新大陆的消息传到了学校里，这对哥白尼所热爱的天文学来说可谓一件大事。伟大的地理大发现离不开指点方向的天文学，哥伦布之所以能获得如此成就，也是因为他使用了像磁针罗盘这样的新型测量仪器。这毫无疑问是当时天文学家的一项伟大成就。发现美洲大陆的消息，迅速传到当时的克拉科夫，在当地不仅引起了人们巨大的兴趣，也启发人们去验证当时一直信奉的某些学说，其中就包括部分天文学理论。

哥白尼的天文学知识不仅仅是听课所习得的。在克拉科夫大学学习期间，哥白尼广泛阅读了古典文学作品，比较全面地了解了当时知识界对天文学的基本认识。正是在文学作品当中，哥白尼看到了不同于以托勒密学说为基础的天文学观点，尽管在当时托勒密学说是被教会所公开宣扬的并被普遍信奉的理论。但不止一位古典作家以文学形式隐晦地提出过，太阳是行星体系的实际上的中心，其他所有行星包括地球，都在围绕太阳旋转。大学老师的启迪，更使得哥白尼加深了对已有天文学理论的怀疑，1495 年哥白尼完成学业回到舅舅身边之后，他仍时常同老师通信。

离开克拉科夫大学后，哥白尼并没有接受高级教士的职称，而只是当了一位神父。担任神职人员不仅为哥白尼提供了重要的社会晋升通道，也使他获得了继续学习和发展个人爱好的机会。1496 年，哥白尼初次来到意大利，但他事先对意大利已经有很多了解。这一时期受人文主义影响，科学发生了根本性的变化，学者们摒弃了许多中世纪的观点，开始借助理性和经验从事科学研究工作，中世纪的神学已不再是科学的归宿和知识的核心。哥白尼在博洛尼亚大学学习的专业是法律、数学、天文学和希腊语。根据哥白尼做的天文学记录，自 1500 年起，他就开始进行天文观测了。哥白尼在博洛尼亚大学不仅获得了系统扎实的专业知识，也为他后来担任行政官员打下基础。

在神职机构的许可和赞助下，哥白尼又继续在意大利当时最著名的医学院帕多瓦大学学习了两年医学。但中世纪的医学包含着许多具有神秘色彩的治疗方法，近乎魔术和巫术。当时的人们甚至相信，星宿变化与人的健康是紧密相关的，天空中行星的位置情况甚至决定了很大一部分药物的使用方法。但这对正在学医的哥白尼来说，也正是从事天文观测和天文研究的极好机会。在此期间，哥白尼耳闻目睹了一些敢于公然冒犯教会学说的人的下场。身为教会统治系统的一分子，哥白尼十分清楚发表不同理论会带来的后果，他知道自己最需要做的就是收集到让人无可辩驳的证据和论据。因此，他进行了大量枯燥的计算，反复核对了各种历法，为自己的天文学说勾画了总体的轮廓。彼时的意大利，人文主义思潮已然兴起，在大学里更是蔚然成风，哥白尼也受到了来自老师们的影响。人文主义者有一句格言："凡是人的事儿，我都不见外。"这句话对哥白尼来说也很合适，他对知识的研究并未因自己的神职人员身份而脱离实际，反而在人文主义思潮影响下，与现实问题结合得愈发紧密了。优渥的经济条件让他免于劳作之苦，并接受了当时最高水平的教育，取得了多个文凭，被看作是当时最有知识的人之一。对于一名学识如此渊博的神父来说，通向国家高级知识阶层的大门是向他敞开的。他把学者的理想和人文主义者的愿望隐藏在神父的长袍之下，1503 年，求学十余载的哥白尼回到了家乡托伦，开始展露过人的才华。

伟大公仆

1503 年秋，瓦尔米亚的神父、法学博士尼古拉·哥白尼，来到弗龙堡神父会，担任瓦尔米亚主教的私人医生和助手。他成为当地最有名气的医生，却不论贫富，乐于为所有患者治病，被百姓们称为“神医”。瓦尔米亚主教对当地的内政有着决定性的影响，而哥白尼作为主教的助手，也有很大的发言权。行政工作是十分繁杂的，内政外交事务也都让他颇费心血，但就在这繁忙之中，哥白尼仍努力挤出了从事科学研究和学术创作的时间。哥白尼利用宝贵的闲暇时间，持续对天体进行观测。大约在 1507 年，在积累了大量观测数据的基础上，他开始撰写第一篇天文学论文，题目是《浅说关于天体运动的假设》。在这篇论文中，身为神职人员的哥白尼不想公然挑战《圣经》与宗教裁判所的权威，他试探性地提出假设，以太阳而不是以地球作为行星轨道的中心，构建新的行星运行模型，并初步论证了这种假设的合理性。这篇论文实际上抨击了当时被广泛认可的托勒密的地心说。同时，这篇论文构建了哥白尼自身学说的雏形。哥白尼重视观测月食，他多年以来累积了丰富的有关星际现象的知识。1509 年 6 月 2 日，哥白尼对当晚出现的月食现象做了观测，这对他的理论发展非常重要。彼时，人们对宇宙的理性认识，主要是建立由地球—太阳—月球这三个最主要天体组成的系统。地日月系统的建立过程中，地球与太阳、月球的相对大小和距离，是那时人们计算太阳、月球大小和距离，确定宇宙基本模样的唯一依据。这次月食与托勒密在他撰写的文献中所记录的月食十分相像。借此机会，哥白尼对希腊天文学家的计算加以验证，得到太阳比地球大了千百倍以致难以计数的结论。长期以来，对宇宙与星空，人们有一个基本的、朴素的认识——谁大谁是中心。哥白尼对观测进行了详细记述，这些结论对于主导西方世界一千多年的地心说，从一开始的潜在威胁，逐渐变成致命挑战。

1512 年，瓦尔米亚主教、哥白尼的舅舅因病去世。哥白尼迁居到

哥白尼故居正门

了教区大教堂所在地——弗龙堡。弗龙堡濒临波罗的海，是个小小的渔港。哥白尼在弗龙堡买下了一座城堡的箭楼。这座箭楼本来是用于防御作战的堡垒，用于放箭的孔洞被哥白尼当成了观测天象的窗口，防御用的高台变成了哥白尼的观测台。在阴冷多雾的波罗的海岸边寒冷的冬夜里，哥白尼总是穿上皮袄，束紧风帽，把仪器搬到箭楼的露台上，进行通宵达旦的观测。他所用的仪器都是自己动手做的，一共有三种：测量行星距离的“三弧仪”，是用枞树枝削成的，用墨水画上刻度，照准器也是雕出来的；测量月球和行星位置的“捕星器”，是用六根树条绕成圆圈做成的；测定太阳中天时高度的“象限仪”，是一块正方形的大木板，右上角装上带刻度的木环，搁架上再加个“水准仪”，其实只是一个盛了水的玻璃管……哥白尼就是利用这些简陋的设备，在弗龙堡进行了有记录可查的 50 多次观测。哥白尼观测和计算的数值，即使在今天看来，仍有惊人的精确度。在望远镜发明以前，他仅通过观测和计算，得到恒星年的时间为 365 天 6 小时 9 分 40 秒，误差只有百万分之一；他算得月亮到地球的平均距离是地球半径的 60.30 倍，与现今精确测定的 60.27 倍相比，误差只有万分之五。以当时的技术条件，哥白尼能得到这样精确的数据，着实令人钦佩。

1516年秋天，盘踞在波兰以北的外敌，屡次进犯波兰边境，教会倚重哥白尼的声望和才学，派他担任奥尔斯丁的教会资产总管，在强敌压境的危急时刻保护教民，更重要的是保护教会的土地与财产。在那烽火连天、刀兵四起的日子里，哥白尼开始撰写他不朽的著作《天体运行论》。他在奥尔斯丁城堡的哨塔上，布置了一个简单的观测台，并随身带去了一些必要的资料。当时整部著作的内容已有轮廓，第一卷业已动笔，但大敌当前，作为城市防务的指挥官，哥白尼必须全力对付敌人的挑衅和骚扰，所以他的写作进度十分缓慢。

同时，由于货币政策紊乱，波兰出现了严重的区域性金融危机。作为管理者，1517年8月中旬，哥白尼撰写了题为《造币方法》的货币改革论文。在文章中，哥白尼首次提出了“劣币定律”：当原来比较好的货币尚在流通时，又发行新的低劣货币，那么这种低劣的货币不仅会影响原来的良币，还会把良币驱逐出市场。这种现象早在哥白尼之前就被人们普遍认识了，但哥白尼首次发现了其中的经济规律，近半个世纪之后，英国著名金融家托马斯·格雷欣爵士才对此做出详细论证。如今，“劣币法则”这个早已超出经济学范畴的概念，被称为“哥白尼—格雷欣定律”。

1519年秋天，战争局势缓和，哥白尼辞去教会资产总管的职务回到弗龙堡，集中全部精力来撰写《天体运行论》。但是战争的风暴很快再次袭来，弗龙堡也陷入外敌的重围之中，敌人为征服这片土地无所不用其极。在这个危急关头，许多人逃跑了，有的

故居内的楼梯

甚至叛国投敌，但哥白尼仍旧留在城中，带领居民一起支援守军与敌人作战。在长期的坚守中，他还带领人们兴修水利。哥白尼设计修建的水闸和水磨，对支持战争和战后经济恢复均起到了重要的作用。1520 年秋天，哥白尼再次担任奥尔斯丁教会资产总管。这时敌人已经侵占了附近的多数城堡，直逼重镇奥尔斯丁。危急关头，哥白尼把由他保管的财产全部用来支援作战，并亲自部署防务，来到一线登城督战。在他的鼓舞下，守军寸步不退，经过五天五夜的激烈战斗，城堡依然屹立。哥白尼的坚守影响了战局，敌军首领恼羞成怒，特地派人到弗龙堡去，放火烧光了哥白尼的藏书、手稿和观测仪器。但哥白尼不为所动，始终坚守城堡。敌人无可奈何，只好撤军休战。战后，波兰国王将哥白尼提拔为奥尔斯丁的行政长官。

此后，哥白尼并未因为成为一方重臣就投身政务，而是辞去公职，从繁忙的公务活动中彻底解脱出来，开始无拘无束地投入自己的天文学事业中。值得一提的是，他在天文学研究方面的主要成就和理论突破，却是他在积极从事公务活动期间,始终坚持天文学观测与计算而取得的。

作为一名地方官员，哥白尼捍卫了祖国的领土，保护了人民的生命安全，并对经济发展做出卓越贡献，他对国家的忠诚在时局艰难之时也未曾动摇过。仅这些功绩，就足以使哥白尼作为名人被载入地方史册。然而，在天文学方面的成就，也为哥白尼赢得了世界性的赞誉。

巨著诞生

1525 年秋天,哥白尼《天体运行论》的写作工作,在弗龙堡全面展开。虽然哥白尼身居远离世界科学中心的弗龙堡，但许多朋友通过写信告知他国内外重要的科学发明和新出现的科学观点，使他对当时发生的各种科学事件了如指掌。还有不少学者经常来信，请他对与天文学有关的各种问题发表意见。这个时期，哥白尼的箭楼上来了一个名叫安娜的女管家。安娜出身名门，衷心爱慕哥白尼，毅然抛弃世俗的成见，以佣人的身份来到哥白尼身边。哥白尼在安娜的帮助和照顾下，得以集中精力进行写作。

哥白尼的《天体运行论》第一卷，鸟瞰式地介绍了宇宙的结构。在论证的开始，哥白尼列举了许多观测资料来证明地球是圆形的——这便直接推翻了神学理论中的观点，接着他指出了地球呈球状的理由。尽管在今天看来，哥白尼的观点是相对朴素的，但他对这个问题的认识、探讨与解答，为一百多年以后牛顿发现万有引力开辟了道路。

著作的第二卷，介绍了地球的赤道、黄道、子午圈与回归线等概念，并辅以详细的计算数据与测量方法。通过正午日影差异，哥白尼提供了如何相互推求最长的白昼、各次日出的间距和天球的倾角等方法。哥白尼还附上了依据观测记录整理的恒星表与测定的排列顺序。

在第三卷中，哥白尼通过对春分点岁差和黄赤交角的计算，计算出了太阳年的同期和非均匀性，给出了太阳视运动不均匀性的初步定理，通过详细的数据对比，让人们对太阳的运动有了更深刻的认识。

第四卷论述了地球的卫星——月球。哥白尼认为在月食的时候，人们可以从月球、地球和太阳的相对位置，得到关于宇宙的真实结构的暗示。“当宇宙的其余部分是明亮的并充满阳光时，黑暗部分显然只不过是地球的阴影。地影呈锥形，结尾为一点。在月球与地影相遇时，它变成暗黑的；而当它沉浸在阴影之中时，它毫无疑问是在与太阳相对的位置上。”①

第五、六卷论述了水星、金星、火星、木星和土星五大行星。哥白尼记载了他长期观测与计算的结论，对太阳系五大行星的运行规律进行了详细的推导，按照哥白尼的结论，已发现的五大行星中，水星离太阳最近，土星离太阳最远，并得出天体排列的一般顺序以及太阳系行星运动的一般规律。

哥白尼还论证了地球虽是一个巨大的球体，但其体量比起宇宙来却

---

① 哥白尼．天体运行论[M]．叶式辉，译．西安：陕西人民出版社．2001：257.

故居内景

是微不足道的。他注意到地平线把天空和大地剖分为均匀的两半，并利用这一现象来证实宇宙是无限的这个论断。“和天穹比较起来，地球这个庞然大物真显得微不足道。”① 哥白尼认为太阳是行星中相对不动的中心。

《天体运行论》首次提出了太阳系结构的理论，即太阳中心学说。通过缜密的数学计算与推导，哥白尼论证了太阳居于宇宙的中心静止不动，而包括地球在内的行星都绕太阳转动。离太阳最近的是水星，其次是金星、地球、火星、木星和土星。只有月球绕地球转动。哥白尼著作和理论的伟大功绩在于，以观测数据为基础，以数学运算为手段，建立了科学的太阳中心说，推翻了在天文学上统治了一千多年的地球中心说。这不仅是天文学上一次重大的革命，更是一次人类思想的空前解放，引起了人类宇宙观的革新。从此以后，人类仰望天穹，瞻仰的不再是不可见的天神与宫殿，而是真理的星空。在哥白尼以前，这一领域从来没有被人这样详尽地阐述过，也没有人从这一原理得出过这样重要的结论。

从日心说提出到最终获得证实的 200 多年间，科学所孜孜以求的是

① 哥白尼．天体运行论 [M]．叶式辉，译．西安：陕西人民出版社．2001：20.

故居内展品

用理性归纳现象，或者说是建立在理性之下的理解。正如康德所说，知识若构成系统的整体，就可以叫作科学了。而如果知识在这个整体中，都是有前因后果的必然联系，那就可以叫作理性的科学了。在先前，欧洲人普遍认为上帝创造了宇宙和人，并赋予人理性；而现在，人的理性就像一道光芒，竟然直达苍穹。这就确立了人的理性的至高无上的地位，这一地位确认了人的尊严和力量。这就标志性地表明，人的思维，即基于理性的理解力和想象力，已经把世界连同它的主宰者带入了一个全新的时代。

哥白尼在1506年到1515年间，已经写成太阳中心学说的提纲——《试论天体运行的假设》，可是《天体运行论》一书却直到1543年他临终时才出版。他在《天体运行论》的序言里提到这个情况时写道："如果我提出针锋相对的论断，即地球在运动，他们会认为这是疯人呓语。因此我自己踌躇很久。"[①] 哥白尼作为教职人员家庭的儿子，对教会的种种规则了然于胸。早在哥白尼旅居意大利的时候，教会就重新颁布"圣

① 哥白尼. 天体运行论[M]. 叶式辉，译. 西安：陕西人民出版社. 2001：原序1.

谕”，禁止印刷、发行未经教会审查的书籍，所有可疑的书籍一律焚毁。1506年，哥白尼从意大利归国时，就曾经目睹了宗教裁判官对进步知识分子的血腥镇压。在哥白尼的一生里，波兰境内至少进行过300次以上的宗教裁判活动，而作为教廷统治系统的高级管理者，哥白尼对教会体系的认识是深刻而充分的。

即便如此，哥白尼也经常受到威胁和迫害。在他担任弗龙堡大教堂神父的瓦尔米亚教区，当他舅舅去世之后，失去了庇护者的哥白尼，开始面对几个三令五申地“查禁邪教”的继任大主教，他们开始对管辖范围内的修士们严加监视。他们认为学识渊博的哥白尼在思想上是个“叛教者”，即使哥白尼为教会立下了汗马功劳，他们也丝毫未放松对他的监视和提防。不久，教会以安娜已经使哥白尼“失魂落魄”为借口，以哥白尼“灵魂得救”为理由，勒令安娜立即迁出弗龙堡。哥白尼在悲愤之下，几次扯下身上的长袍，扬言要还俗。为了使哥白尼的写作工作能继续下去，安娜忍痛离开了哥白尼的箭楼，不久她又被驱逐出境。直到哥白尼临终时，哥白尼身边还有教会布置的密探和奸细。

随着哥白尼的思想在学界的传播，罗马教廷对其学说感到恐慌。1533年，教皇克雷蒙七世曾叫人阐述“太阳中心学说”的基本原理。哥白尼学说革命性的内容使教皇大为震惊，面对这足以从根本上动摇教廷政权的理论，他决定想办法把哥白尼的手稿控制起来。教廷随即加强了对哥白尼的监视与提防，一位神职人员写信向哥白尼索取手稿，但被哥白尼拒绝了。这促使哥白尼拿定主意，一定要抢在教廷插手之前将著作出版。

1539年春天，一位德国青年学者——威滕堡大学的数学教授列提克，带着许多珍贵的书籍，千里迢迢地来到弗龙堡，拜哥白尼为师，他后来成为哥白尼唯一的门生。在列提克的鼓励和支持下，哥白尼开始从失去伴侣的悲伤中振作起来，他们一起修订《天体运行论》的原稿。1541年，他下定决心将著作出版。哥白尼几十年心血的结晶——《天体运行论》的手稿被列提克转交给他的出版商朋友。但在新教领袖梅兰赫东的授意下，出版商篡改了原稿，力求使科学迁就神学，千方百计地阉割了哥白尼学说，导致此后一段时期内，人们并未能一睹《天体运行论》这部巨著的全貌。

1543 年 5 月 24 日，当这部巨著印好，并送到哥白尼处时，久病的哥白尼已经奄奄一息。御医梭尔法把书放到被子上，并把哥白尼冰凉的手放到书上，哥白尼用他痉挛的手无力地抓住书本。哥白尼已经到了弥留的时刻，一小时后，这位伟大的巨人便与世长辞。

尽管哥白尼的学说受到教会方面的猛烈攻击，信服哥白尼学说的人也寥寥无几，可是他的学生列提克却始终满腔热情、坚持不懈地宣传他的老师哥白尼，宣传宇宙结构的新学说。他想方设法使《天体运行论》一书，成为意大利皇室图书馆的藏书。在他的大力推动下，哥白尼的学说，开始在波兰首都的大学里讲授，科学的宇宙体系理论开始在知识界传播。直到 19 世纪中叶，哥白尼《天体运行论》的原始手稿才在布拉格一家私人图书馆里被发现。1873 年，带有哥白尼原序的《天体运行论》才被出版，但有关原子学说的章节仍未补入。到了 1953 年，《天体运行论》出第四版时，才补足全部原有章节，这时哥白尼已经逝世了 410 年。

荣耀所归

1830 年，华沙斯塔锡茨广场前竖起了哥白尼的纪念像。在揭幕典礼上，波兰著名的诗人尤里安·乌尔辛·涅姆柴维基致辞说：“这个喜庆的日子终于来临了！哥白尼曾以半个世纪的工夫凝眸注视太阳，今天太阳终于把它仁慈的光芒倾注在他的身上……”广场的回廊上响起民族剧院艺术家们的歌声：“欢迎啊，欢迎啊，大地的儿子！……”[①]1939 年，这尊塑像被入侵的德国法西斯捣毁，直到战后得以重建。在 1953 年 2

① 李家善. 哥白尼 [M]. 北京：商务印书馆，1979：39.

故居外的街道

月 19 日，哥白尼诞辰 480 周年的时候，人们广泛而隆重地展开各种纪念活动，哥白尼的不朽之作《天体运行论》的手稿，在他的母校克拉科夫大学展出，内容完整的《天体运行论》第一卷，也在这时候出版了。

《天体运行论》是近代科学革命的伟大宣言，其重要意义，首先在于它所揭示的日心体系所具有的革命性质。

德国诗人歌德曾这样评价哥白尼：“哥白尼学说撼动人类意识之深，自古以来无一种创见、无一种发明可与伦比。当大地是球形被哥伦布证实以后不久，地球为宇宙主宰的尊号也被剥夺了。自古以来没有这样天翻地覆地把人类意识倒转过来。如果地球不是宇宙中心，无数古人相信的事物将成为一场空了。谁还相信伊甸的乐园、赞美诗的歌、宗教的故事呢！”①

哥白尼创建的“日心说”，带来了近代天文学的巨大变革，但如今的研究已经证明，宇宙无限，中心难定，可见，哥白尼的观点并不完

① 印立君．哥白尼与《天体运行论》[M]．北京：中国少年儿童出版社，2001：134.

全正确。但其最重要的意义在于，哥白尼引领的天文学革命当之无愧地成为现代科学的起点——不仅因为他提出了正确的图景，更因为他确立了全新的方法和认识论，人类的理性得到了高规格的确认。在理性的引导下，人们最终提出了日心学说，而日心学说的建立，恰恰证明了人类理解力的巨大威力。与其说是理性最终导出了日心学说，不如说是日心学说最终体现了理性在人类认识世界中的地位。从此以后，理性成了人类思维活动的唯一被认可的主导。正是在这一意义上，日心学说的建立，开辟了人类认识世界的一个新纪元。

哥白尼的精神——天文学理论必须和观测事实相一致的原则和对错误的传统理论大胆革命的精神，对天文学发展的促进作用是无法估量的。在哥白尼之后，天文学大踏步地向前发展着，但哥白尼的精神却成为超越天文学范围的宝贵精神财富。任何思想，任何行为，都必须接受理性的批判，是非曲直，正确与谬误，都有赖于理性的判定，科学由此兴隆，成果辉煌灿烂。

哥白尼受到世界人民的爱戴和敬仰。恩格斯这样评价哥白尼："这是一种宣布自然科学独立的……的革命行动，便是哥白尼那本不朽著作的出版，他用它（虽然很胆小而且说是只在临死的床上）来向教会在自然事物方面的权威挑战。从此便开始了自然科学从神学中的解放……"①这是对哥白尼学说的高度评价。

在宁静的古城托伦，哥白尼的雕像凝望着遥远的地平线，静默地矗立着。哥白尼是一位多才多艺、学识渊博的巨人，他为全人类打开了一扇门，带领人们通向广阔无垠的智慧世界。

（撰稿：王锡彬）

---

① 恩格斯．自然辩证法[M]．北京：人民出版社，2000：6.

参考文献

岑特科夫斯基．哥白尼传 [M]．董福生，译．北京：新华出版社，1988.

恩格斯．自然辩证法 [M]．北京：人民出版社，2000.

哥白尼．天体运行论 [M]．叶式辉，译．西安：陕西人民出版社，2001.

伽利略．关于托勒密和哥白尼两大世界体系的对话 [M]．周煦良，等译．北京：北京大学出版社，2006.

库恩. 哥白尼革命: 西方思想发展中的行星天文学 [M]. 吴国盛, 等译. 北京：北京大学出版社，2003.

李家善．哥白尼 [M]．北京：商务印书馆，1979.

邱立君．哥白尼与《天体运行论》[M]．北京：中国少年儿童出版社，2001.

吴以义．从哥白尼到牛顿：日心学说的确立 [M]．上海：上海人民出版社，2013.

伽利略

置身于意大利中部托斯卡纳区的佛罗伦萨，漫步于静静流淌着的阿尔诺河河畔，登上河岸上的一座古桥，极目远眺，这里众多的博物馆、美术馆里陈列的艺术珍品，让人流连忘返，沉迷其中；大大小小的宫殿和教堂，广场上矗立的人像雕塑，曾让多少人驻足仰视，心存敬意。佛罗伦萨这座古城，号称“文艺复兴的摇篮”“意大利的文化首都”，它在经过艺术的涂抹和文化的洗礼之后，保留了神秘的宗教气息，吸引成千上万的人来此旅行。这里曾孕育出但丁、达·芬奇、米开朗琪罗等文艺复兴时期的杰出代表，他们创作了《神曲》《最后的晚餐》《大卫》《创世纪》等世界艺术瑰宝，给这座城市带来了浓厚的文化氛围，留下了光辉的时代烙印。继他们之后，佛罗伦萨又出现了一位科学巨人——伽利略·伽利雷。他诞生于意大利西海岸的比萨城，成长于佛罗伦萨，深受先驱们人文精神的熏陶，给这座城市带来了探索科学真理的曙光。

伽利略的祖先（伽利雷家族）是很有名望的贵族，可到了伽利略父亲文森西奥这一代日渐没落，生活也日益窘困。他不得不放弃自己喜欢的音乐理论和声学去经商挣钱。为了做生意，伽利略的父亲经常往返于比萨和佛罗伦萨之间。在伽利略出生的时候，伽利略的父亲在比萨做乐师，勉强维持生计。他明白靠自己振兴家族已是无望，于是就把希望寄托到了自己的孩子身上。为了孩子们的前途，伽利略的父母在伽利略 10 岁的时候，决定举家迁往商业发达、文化氛围浓厚的佛罗伦萨。伽利略一生主要徘徊于比萨、佛罗伦萨、帕多瓦三个城市之间，在意大利各地漂泊了半生，最后在佛罗伦萨的郊外阿切特里度过了 8 年的软禁生活，于 1642 年 1 月 8 日，凄惨地告别了这个世界。

作为家中的长子，伽利略无论在哪里打拼，都始终心系佛罗伦萨，时刻铭记着振兴家族的使命。虽然他每次回佛罗伦萨逗留的时间不长，但这个地方却成了他在外奔走奋斗的全部意义。可以说，这座城市既目睹了伽利雷家族由繁荣走向衰落，又见证了伽利略科学探索之路的起起伏伏。很难说是佛罗伦萨成就了伽利略，还是伽利略成就了佛罗伦萨。

数学家的梦想

1564 年 2 月 15 日，在父母的殷切期盼下，伽利略在比萨一幢四层的红色楼房里出生，成了家中的长子。他的父母欣喜地给他取了一个和 14 世纪意大利著名医生伽利略·博纳尤蒂相似的名字——伽利略·伽利雷。在伽利略父母生活的那个时代，医生拥有丰厚的报酬，并且享有颇高的社会地位，从取名字这件事中可以看出伽利略的父母对儿子寄予了厚望，希望他可以成为一名医生。可是他们万万没有想到，伽利略没有成为医生，而是成为一名具有开创性的科学家，影响力远超医生伽利略·博纳尤蒂。更有趣的是，在伽利略出生的同一天，伟大文学巨匠莎士比亚在英国诞生了。原本普普通通的一天因伟人们的降临而变得意义非凡，伽利略的一生注定与众不同。

在伽利略出生以后，家中又添了好几个子女。随着家中人口的增多，伽利略的父亲感到在比萨作乐师已经无法维持日常的开销，所以决定到故乡佛罗伦萨另谋出路。伽利略 8 岁时与父母分开，被暂时寄养在比萨的亲戚家。那时，佛罗伦萨在小伽利略眼中是一个令人向往的地方，他日夜思念在佛罗伦萨的父母，每天都盼望着能够早日与父母在佛罗伦萨团聚。伽利略 10 岁的时候，他的父亲找到了一份乐师的工作，还开了一间卖毛织品的小铺，生活基本趋于稳定，这才把伽利略接到佛罗伦萨。

伽利略 10 岁与佛罗伦萨结缘，在佛罗伦萨当地的学校接受了几年基础教育，在他 13 岁的时候，又被父亲送到离佛罗伦萨 32 公里远的瓦隆布罗萨修道院接受宗教教育。在修道院中，伽利略学习了包括数学、逻辑学、绘画、文学、希腊语、拉丁语等系统的传统课程，这让他受益匪浅，他甚至还产生了以后当一名修道士的想法。然而伽利略的父亲不希望他成为一名修道士，而是想让他跟伽利略·博纳尤蒂一样，成为一名有稳定收入和社会声望的医生，帮忙分担家中沉重的经济负担。况且到修道院当修道士要交很大一笔费用，家中已经没有多余的钱供伽利略上修道院了。

1581 年，17 岁的伽利略遵从父亲的决定，转到比萨大学学医。经过两年的学习，伽利略发现自己对医学知识提不起丝毫兴趣。一次偶然的机会，他听到了托斯卡纳宫廷首席数学家玛窦·里奇给年轻贵族们上的关于欧几里得几何学的讲座，他像是被施了魔法似的一下子迷上了数学。里奇发现伽利略在数学方面有很高的天赋，自愿教伽利略数学知识，还劝说伽利略的父亲，希望他能允许伽利略把专业由医学改为数学。伽利略的父亲听到这个消息后非常恼火，坚持让伽利略先完成医学课程再说。但是伽利略并没有把父亲的话听进去，而是选择遵从自己的意愿，用剩下的两年时间来潜心研究欧几里得和阿基米德的数学理论。这时，伽利略又萌生了当一名数学教授的想法。在那个时代，数学家的社会地位和报酬远远比不上医生，伽利略的想法再次遭到了父亲的反对。伽利略总共在比萨大学学习了四年，由于他的父亲难以继续为他支付学费，伽利略不得不匆匆结束学业，回到佛罗伦萨谋业。因为耽误了两年的医学课程，伽利略最终也没有拿到医学学位。

比萨斜塔

在比萨大学学习期间，伽利略就擅长用数学思维思考生活中的问题。相传，1583 年，伽利略在比萨大教堂做礼拜时，天花板上来回晃动着的吊灯引起了他的注意，接着他陷入了沉思：为什么不管吊灯怎么摇摆，它每次摆动的时间都是相同的呢？摆动的时长跟什么有关呢？回到住处以后，伽利略立刻着了魔一样地投入到实验中，他用长短不齐的绳子以及重量不同的物品进行尝试，经过多次比较后发现，让绳子保持同一长度，改变绳子上物体的重量，物体摆动的时间是一样的。排除了物体质量这个因素后，他才发现原来是绳子的长短影响了物体摆动的时间。据说，比萨医学院就是根据伽利略得出的这一原理，才发明了测量脉搏速率的脉搏计，而后来的摆钟也是根据这一原理制成的。

伽利略在学生时代就表现出了敏锐的观察力和独特的创造才能，在生活中的探索为伽利略的物理学、天文学研究打下了良好的基础。伽利略虽然没有拿到任何文凭，却在比萨大学确立了当一名数学家的人生梦想。他带着这个梦想再次回到佛罗伦萨，开启了艰难的谋生之路。

伽利略回到佛罗伦萨以后，他的父亲不再强迫他走从医这条路，而选择尊重他研究数学的决定。因为没有大学文凭，伽利略无法找到一份体面的工作。于是，他一边在佛罗伦萨和锡耶纳给一些贵族子弟当私人教师，一边兼职给父亲做调音实验的助手。如果说玛窦·里奇是伽利略科学事业的领路人，那么伽利略的父亲便是伽利略用一生去追求实验科学的催化剂。伽利略儿时曾帮助父亲对乐器的弦做过长度和张力方面的实验，英国的保罗·梅森曾这样评价伽利略的父亲对伽利略的影响："他（伽利略的父亲）在屋子里布满了长度、粗细和张力各不相同的绳子，想找出绳子本身和拨弄绳子时发出的噪音之间的关联。这一经历肯定对伽利略产生了影响，使他终生都坚持通过实验来检验自己的想法。"[①]此外，英国的S. 德雷克还在《伽利略》传记中提到伽利略的父亲对伽利略的影响："他父亲写的文章在很多方面与伽利略的学术争论文章不无相似之处。文森西奥在他的《古代音乐和现代音乐对话》一书中说：'在我看来，他们仅仅是依靠权威的力量来证明什么，而不是引用任何论据来支持自己的证明，这简直荒唐可笑。与此相反，我希望允许自由提问和作答，而不需要任何对权威的逢迎，那才是真正追求真理。'"[②]伽利略的父亲不惧权威、追求真理的态度深深地影响了伽利略。这使得伽利略在对待宇宙这一问题上，从不屈服于教会的权威解释，而是立足于实验和观察，大胆地检验宗教权威的解释。

伽利略的父亲无论如何也没有想到，自己在乐音实验上对证据的执着追求会给伽利略带来如此持久深刻的影响，竟然贯穿了他整个学术生涯，开启了他今后的实验物理学的大门。可以说，伽利略成功的背后离不开父亲对他潜移默化的影响。伽利略在佛罗伦萨最终树立了当一名数学家的理想。他从佛罗伦萨出发，去比萨大学教学，继续实现梦想。无论他在外走多远，都不忘回归佛罗伦萨这片故土，不忘为曾经尊贵的伽

① 梅森. 伽利略[M]. 郎崧，译. 北京：外语教学与研究出版社，2005：13.

② 张敬言. 伽利略[M]. 海口：海南出版社，1997：4.

利雷家族增添光彩。

实验家的热情

伽利略先后于比萨大学和帕多瓦大学任教，他把数学思维运用到物理学、天文学的实验当中，取得了前所未有的成就。从佛罗伦萨的伽利略博物馆穿越到比萨，来到他出生的那一幢四层的红色楼房前。时隔几百年后，这幢红房子的历史渐渐从人们的记忆中淡去，留下了被岁月侵蚀过的斑驳痕迹，只有铁门上方那白色大理石碑上刻着的“伽利略：1564—1642”，以及第三层楼的玻璃窗上挂着的伽利略的彩色画像，还在时不时地提醒着世人，曾经有一位伟大的科学家在这里诞生，他来到这个世界以后，像一束光一样，照亮了科学的道路。伽利略在比萨的故居没有被当作历史古迹保护起来，反而和四周带有生活气息的精致店铺融为一体，低调地隐藏着居住者曾经的光芒与荣耀。

伽利略前前后后来过比萨很多次，他生命中很多关键的阶段也是在这里度过的。伽利略生于此，学于此，执教于此，成名于此，他把生命中最美好的青春都奉献给了这座静谧的海边小城。如果说佛罗伦萨是伽利略一生想要带回荣誉、深深依恋着的故土，那么，比萨无疑是给伽利略机会创造荣誉的第二故乡。美国作家阿尔伯特·哈伯德曾说：“比萨有两样东西不得不看，一个是伽利略用铅锤和绳子做过有趣实验的比萨斜塔，另一个就是天花板上吊个青铜灯的大教堂。”① 在伽利略之前，比萨因比萨斜塔而闻名；在伽利略之后，比萨又因伽利略曾做过的比萨斜塔实验而闻名。

毕业后的伽利略在做私人教师之余，仍不忘寻找到大学里当数学教

① 哈伯德. 不可不知的伟大科学家的成长历程 [M]. 郑淑明，译. 北京：航空工业出版社，2010：113.

授的机会，因为这是他给自己定下的目标。他曾向博洛尼亚大学申请空缺的教职，校方以没有文凭为由，拒绝了伽利略而聘请了帕多瓦的天文学家马基尼。据说，伽利略后来凭借公共演讲和科学论文，成功引起了一位贵族数学家的注意，在他的帮助下，伽利略才在比萨大学申请到了一个数学教授的职位。为了实现自己的数学梦，伽利略不畏险阻，毅然前行，勇敢地为自己创造机会，将一个个不可能变为可能。1589 年，当伽利略再次步入比萨大学时，他的身份发生了全新的变化，由一个未取得学位的肄业生变成了大学的数学教员，很多教授对此表示不满，私下里对他的能力议论纷纷。在比萨大学，三分之二的学生在学习法律、医学，数学作为一门次要的学科并不受到重视，数学教授的工资也相对较低。虽然那点微薄的工资根本不够补贴家用，但在伽利略看来还算满意，毕竟离自己的梦想更近了一步。

走进比萨大学的校园，像很多热血沸腾的年轻人一样，伽利略渴望与别人分享自己的实验结论，迫切想要去纠正人们错误的认识。中世纪的经院哲学对事物一般做双重解释，一是做神学解释，二是寻找其自然本身的原因。一直到中世纪经院哲学家奥康姆出现，他提出“如无必要，

伽利略故居外景

勿增实体”，主张剔除阻碍具体存在的普遍的空洞的概念，只承认实际存在的实体，这被人们称为“奥康姆剃刀”。他将这一原理应用在神学与科学的关系上，主张将神学与科学区分开，除对最高本体做神学解释外，对自然事物一律做科学解释。但是在伽利略生活的时代，比萨大学的教授们都是在教会的主导下，依据亚里士多德思辨哲学指导下的物理学、天文学解释自然现象，不注重对自然现象的实证考察。伽利略从小受到父亲重视精确计算与论证的科学观念的影响，对亚里士多德主张的观察及经验判断始终心存怀疑。

1590 年，一次比萨斜塔实验让伽利略与那些盲目坚持谬误的科学家们有了第一次正面的交锋。信奉亚里士多德物理学的教授们坚信，物体的下落速度与质量成正比，所以较重的物体往往会先落地。而伽利略却根据阿基米德的数学原理，指出物体下落的速度实际上与其密度有关，跟质量无关。为了纠正学生对这个问题的错误认识，伽利略决定在比萨斜塔做一次公开的实验。他登上比萨斜塔，将提前准备好的两个质量不同的铅球用绳子拴住，让他们在同一高度往下降落，最后发现较重的铅球提前几厘米着地。如果除去空气阻力的误差，两个球几乎可以说是同时着地。但是支持亚里士多德学说的教授仍坚持认为是较重的那个先落地，所以伽利略的结论是错误的，而亚里士多德依然是对的。伽利略独自站在他们面前，以胜利者的姿态冷峻地讥笑道：“你们妄图用这个实验中极小的误差去掩盖亚里士多德理论中极大的误差，无疑是在睁眼说瞎话。”

在那次比萨斜塔实验之后，伽利略得罪了大部分支持亚里士多德物理学说的教授，却意外地引起了社会的关注。他通过实验去检验真理的勇敢行为鼓励了很多跟他一样年轻上进的科学家，伽利略这个名字传遍了整个比萨城，并且永远和比萨斜塔联系在一起。现在，关于伽利略的比萨斜塔实验，众说纷纭。人们只在伽利略晚年的得意门生文森佐·维维安尼写的传记《伽利略》中读到，维维安尼听说伽利略曾当着其他教授和全体学生的面，在比萨斜塔做过自由落体实验，证明轻重物体同时落地。伽利略的身上有一种敏锐的洞察力和创造性的实验才能，不管这个实验是否真实发生过，都不能否认他对传统的亚里士多德的物理学重新做出的科学解释，他用实验证明了从同一高度坠落的质量不同的物体，其下落的加速度是一样的。被伽利略所证明的这一科学结论，后来成了人们所熟悉的自由落体定律。伽利略纠正了持续1900多年之久的错误结论，打破了人们长久以来错误的直观认识，捍卫了科学的真理，促进了物理学的发展。后人根据牛顿的万有引力定律，从理论上进一步论证了伽利略实验结论的正确性。

经过那次比萨斜塔实验之后，伽利略不但没有获得同事的认可，反而受到了不少排挤。这让他突然意识到，公布真理虽然是件令人兴奋的事情，但是对于谬误的纠正却不必过于公开。伽利略收起自己的轻狂与张扬，有了新的发现，也并不急于去发表。他不断地积累有说服力的证据，等待着一个成熟的时机。1591年，伽利略的父亲去世了，伽利略也因为说真话得罪了宫廷贵族，被驱逐出了比萨大学。当生活的重担再次压在了肩上，当梦想再次止步于残酷的现实，伽利略这次又该何去何从呢？

与星空对话

天无绝人之路！1592年，威尼斯的帕多瓦大学向伽利略发出了邀请，请他担任数学教授，并承诺支付给他在比萨大学时三倍的工资。威尼斯与比萨相比，学术思想自由、开放，有利于伽利略开展科学研究活动。伽利略暗下决心，只要有机会发表自己的言论，他都不会再沉默了，即使需要用隐晦的方式，他也乐意去尝试。不知不觉，伽利略在帕多瓦大学一待就是18年，他的大部分著作也都是在这里完成的。

在威尼斯，伽利略给妹妹们准备了丰厚的嫁妆，代替父亲帮她们过上了幸福的生活。此外，他还邂逅了他美丽的爱人玛丽娜·甘巴。几年间，玛丽娜为他生育了两个女儿和一个儿子。据说，伽利略是一位传教士，按习俗凡是从事这种职业的人都不能结婚，所以他一生都未能给玛丽娜一个妻子的名分。秘密相爱十多年之后，玛丽娜还是离开了伽利略，选择用另一段婚姻来结束这段没有结果的爱情。伽利略一生几乎把全部的精力都用在了他未竟的科学事业上。也许在爱情面前，伽利略算不上一位合格的“丈夫”，但他对待科学却是绝对忠诚和热忱。

1593 年，伽利略制成了世界上第一支温度计。在比萨大学学医时，伽利略就发现生病往往与体温的变化有关，而人们除了靠触觉确定温度高低外，没有可以用于测量的具体工具。出于对生活的敏锐观察，伽利略试图发明可以测试病人体温的温度计。终于，他根据热胀冷缩的原理发明了第一支温度计。该仪器是一根细长的玻璃管，一端开口，一端有一空心的玻璃泡，将其中注满水，然后把开口的一端朝下插入盛水的容器中，随着温度的变化，玻璃泡内的空气会膨胀或收缩，而水柱也会随之下降或上升。但是，这种温度计不仅受温度变化的影响，还受到大气压强起伏的影响，存在较大的误差；另一方面，这个仪器没有标注刻度，只是起到验温的效果，因而没有达到测量具体温度的程度。后来随着一些科学家的进一步改进，我们才有了把水银当作测温物质的更为精准的温度计。但无论如何，我们都不能否认伽利略是尝试用科学方法制作温度计的第一人。①

1609 年，伽利略从朋友那里听说，荷兰有一个眼镜制造商通过把两个镜片装进一根管子里，就能从中看到几公里以外的东西。伽利略意识到了它在军事上的应用价值，就急忙跑去找一位做玻璃的师傅，请他帮忙做一些玻璃球，然后将它们切割成厚薄不同的镜片，再进行打磨加工，制成形状不同的镜片。等做好以后，伽利略将各种不同的镜片一一装进铜管的两端进行反复实验，很快就找到了两块可以将远处的物体拉近三倍的镜片。据说，伽利略仅仅用了一天的时间，就发明出了一架小

---

① 参见王一川. 世界大发明（上）[M]. 西安：未来出版社，1995：234-236.

型望远镜。他及时赶在那位荷兰商人之前把望远镜交到了威尼斯大公爵手中。公爵决定批量采购望远镜，将其应用于海上军事的侦察，这让伽利略从中小赚了一笔。①

伽利略并不满足于眼前的蝇头小利，他把望远镜当作自己的眼睛，将研究的视野由力学和物质运动转向那令他心驰神往、遥远而又迷人的星空。通过继续改进望远镜，伽利略把望远镜的倍数放大到几十倍、几百倍，甚至几千倍；同时他也进一步拓宽了研究领域，打开了探索新宇宙的大门。如今，人们仍可以在佛罗伦萨的伽利略博物馆看到这些流传至今的望远镜。时至今日，只要一提起伽利略，大家就会想起望远镜，以及那句广为流传的话：哥伦布发现了新大陆,而伽利略发现了新宇宙。如果伽利略没有发明望远镜，人们对宇宙的认识可能还停留在肉眼可见的表象上，也就是说，伽利略帮我们打开了近代天文学的大门。

当时，天主教会为了维护自己的统治地位，把亚里士多德通过理性的逻辑思辨得出的物理学、天文学观点奉为解释《圣经》中自然现象的真理，也把托勒密的地球中心论作为神圣的教条，谁要是反对就会被斥为异端。伽利略骨子里是一个虔诚的教徒，但心里却反对天主教会对自然的独断解释，他坚信通过实验观察得出的真理才是真正的神的知识。他不相信那赐给我们感官、理性和智能的神，因为在伽利略看来，它会让我们忽略这些恩赐，或忽略我们经由面对大自然产生的认识，而神也不会要我们否定用感官和理性透过实验或逻辑所获得的结论。所以，伽利略充当与星空对话的使者，潜心观察天体运行的变化，以揭示天主教会对《圣经》的错误解释。亚里士多德认为月球像镜子一样光滑、平整，伽利略通过望远镜实际观察到的月亮却是坑坑洼洼、凹凸不平的，由此验证了亚里士多德对月球外貌的描述是错误的，这对教会来说无疑是一

① 参见爱尔兰．望远天际：伽利略的故事[M]．柯美玲，译．北京：中国人民大学出版社，2004：11.

种尖锐的挑战。1610 年 1 月 7 日，伽利略用最新制作的高倍望远镜观察木星，发现木星旁边有三颗星，一颗在西边，另外两颗在东边。第二天，伽利略再次观察时，他惊奇地发现之前的那三颗星全跑到了西边。亚里士多德认为所有的星星都围绕着地球转动，而伽利略通过记录木星的运动轨迹，却发现它实际上是围着太阳旋转的，这证明了哥白尼学说的正确性。

1610 年 3 月，伽利略发表了《星空信使》，公布了他通过望远镜所观察到的最初的成果，在书中解释了有关月亮、行星及恒星的许多事实。现在，这本书已经被公认为是一部重要的天文学著作。随着此书的出版，伽利略最新的天文研究成果很快传到了千家万户，其军事、商业价值也得到了宫廷贵族的重视。伽利略还邀请威尼斯宫廷的贵族们到威尼斯圣马可大教堂顶端的钟塔用高倍望远镜观看星空，贵族们认为望远镜有极高的军事价值，纷纷表示乐意资助伽利略进行批量生产。另外，伽利略还特意把他观测到的木星以他的学生托斯卡纳大公爵柯西莫·德·梅第奇的名字命名。柯西莫知道后非常高兴，表示愿意高薪聘请他回佛罗伦萨担任宫廷首席数学家，伽利略数学上的领路人里奇就曾担任过这一职务。伽利略当然不会错过这个衣锦还乡的好机会，他欣然接受了佛罗伦萨官方授予他的首席数学家的头衔。他在威尼斯的朋友却暗示他，离开学术氛围独立自由的威尼斯是一种不明智的行为，并预言伽利略将为此付出沉重的代价。沉浸在荣归故里的喜悦当中，伽利略并没有把朋友的话放在心上。

1610 年 7 月，伽利略以托斯卡纳大公爵的首席数学家的身份回到佛罗伦萨，继续开展他的天文研究。此时的佛罗伦萨就像一个温馨的港湾，等待着伽利略功成之后凯旋。在佛罗伦萨，伽利略没有停下科学研究的脚步，他又用望远镜观察到了土星，发现土星具有由三颗星相互连接组成的特殊形状。考虑到佛罗伦萨封闭、专制的文化环境，伽利略用拉丁文以字谜的形式隐晦地将观察结果记录在册，等待合适的时机再发表出来。伽利略除了观察到木星、土星，还用了三个月的时间观察并绘制出行星从全圆状到半圆状再到模糊的月牙状，然后在另一端重新开始变圆的整个过程。伽利略通过观察发现金星和月球的运行方式完全一样，并由此证明金星是围绕太阳而不是地球转动的。伽利略严格遵守教会的审查制度，不轻易让别人从他的书信中读出他真正想要表达的含义。伽利略很清楚，如果这些发现在毫无准备的情况下公开，定会在那些长期受到亚里士多德物理学、天文学思想影响的人当中引起骚动，稍有不慎，还会触碰到宗教教条，惹上灾祸。所以，他的科学发现都是通过打哑谜来表示，直到太阳黑子的发现。

太阳黑子的发现既是伽利略支持哥白尼日心说理论的重要发现，也是他后半生厄运的开端。朋友在威尼斯的一句苦口婆心的劝说竟然一语成谶。早在威尼斯的时候，伽利略就观察到太阳表面有变化着形状的黑点。回到佛罗伦萨后，伽利略用了六周的时间观察并描绘太阳黑子，写下了《关于太阳黑子的书信》来描述观察过程中的细节。这是继《星空信使》出版三年后的又一力作，其中的很多细节都与亚里士多德的理论相矛盾，这也间接违背了教会对《圣经》的解释原则，让敌对者找到了攻击他的理由。经院哲学将《圣经》中描述的太阳解释为完美无缺的，而太阳黑子的发现再次撼动了教会解释《圣经》的权威地位。在《关于太阳黑子的书信》中，伽利略还提出在没有外力作用的情况下，做圆周运动的物体将永远沿着该路径以恒定的速度持续运动。外力作用下物体的运动规律为牛顿经典力学的提出奠定了基础。《关于太阳黑子的书信》的出版虽然得到了天文学家的重视，但其中的科学解释因违背了教会的宗教解释原则而引起了教会的不满。很快，1616 年 2 月，罗马教廷发布法令，宣布声明哥白尼的日心说理论属于异端思想，凡是支持哥白尼日心说理论的人都要接受宗教法庭的审判。这条法令的发布对伽利略的天文学研究产生了严重的威胁。1623 年，红衣大主教马费奥·巴尔贝里尼继任成为新教皇乌尔班八世。他倡导思想自由，私下里和伽利略关系甚好。1622 年伽利略完成《试金者》后，首先交给新教皇过目，相传教皇对这部幽默风趣的作品爱不释手，还特意派人去请伽利略，想

伽利略故居（意大利比萨）

和他当面交流。《试金者》是伽利略在1618年至1623年参与彗星特征论战的最后一部，也是最重要的一部作品。伽利略把自己的儿女安排妥当以后，来到罗马，希望能够取悦新教皇，允许他自由地讨论哥白尼的理论。遗憾的是，当社会舆论集体反对伽利略的时候，乌尔班八世为了保住自己的统治地位，把伽利略交给了宗教法庭，罗马教廷从此对伽利略开始了长期的宗教审判。当罗马教廷模糊了宗教和科学的界限，借强大的政治势力对坚持哥白尼理论的科学家进行宗教制裁的时候，单枪匹马的伽利略不管怎么小心谨慎，都难以与之抗衡。罗马教廷为维护解释《圣经》的唯一权威地位，借故将追求科学真理的伽利略视为异端教徒，伽利略为历史的进步付出了惨痛的代价。

与教会为敌

一石激起千层浪！1632年，伽利略的《关于托勒密和哥白尼两大世界体系的对话》（以下简称《对话》）在佛罗伦萨匆忙出版，一时间引起了轩然大波。伽利略在书中利用三个朋友之间的对话，对托勒密"地心说"和哥白尼"日心说"的真伪展开讨论。在讨论潮汐运动过程中，伽利略提出相对性原理（这一原理被爱因斯坦称为伽利略相对性原理，爱因斯坦将这个相对性原理与光速不变原理相结合，创建了狭义相对论），伽利略还以其中的萨尔维阿蒂为代言人，为哥白尼体系提供了更多的证据，有力地批判了亚里士多德和托勒密的错误理论。文章以对话的形式层层剖析，否定了亚里士多德和托勒密的地球中心论，进一步指出哥白尼体系的合理性："托勒密假设中存在'疾病'，而哥白尼学说正是治愈疾病的'良方'。在托勒密体系中有些畸形的、不规则的运动；而在哥白尼系统中，所有的天体都有秩序地绕着各自的中心运转。在托勒密体系中有些天体是自东向西运转，有的是自西向东运转；而在哥白尼体系中，所有的天体都是自西向东运转。此外，托勒密不得不引入适于各个行星运动的周转圆来解释它们运动中的不规则变化；而在哥白尼系统中，所有的不规则变化都可以简单地用地球的周年运动来解释。甚至连太阳黑子的运动也能够证明哥白尼体系的正确性。"①

史蒂芬·霍金认为，伽利略可能比任何其他人更有资格被称为近代科学的奠基人。因为伽利略是最早做出如下论断的人之一：人类有望理解世界是怎样运行的，而且我们还能通过观察现实世界来做到这一点。《对话》是继哥白尼的《天体运行论》之后又一部打击教会神学和推动唯物主义科学思想发展的重要著作。虽然伽利略在《对话》中运用轻松诙谐的双关语隐晦地阐释哥白尼理论，但仍然避免不了教会中的一些人对号入座。教会的统治者担心自己的统治地位会为此受到威胁，便想方设法地禁止此书发行。教会以伽利略触犯 1616 年法令为由，强烈要求禁止发行《对话》。教皇乌尔班八世迫于舆论的压力，临时成立专门的审查书籍委员会，对伽利略的书重新展开调查。伽利略被押回罗马，于 1633 年 4 月接受审问。审问一共进行了四次，持续了整整三个月。在审问过程中，《对话》被列为禁书。1633 年 6 月 21 日，在罗马宗教法庭上，伽利略接受了最后一次不公正的审判。为了保存实力继续创作，伽利略答应在忏悔书中承认自己通过欺骗的手段使监察官通过了对《对

① 汉默顿. 西方文化经典：科学卷 [M]. 刘莉，孙立佳，译. 武汉：华中科技大学出版社，2016：5.

话》的审查。他被指认支持哥白尼“日心说”的异端，因此被判监禁在锡耶纳。幸运的是，锡耶纳大主教曾经是伽利略的学生，在他的特别照顾下，伽利略没受到任何刑罚。据说，伽利略在软禁期间还曾帮助锡耶纳大教堂解决了铸造新钟的难题。在知晓了伽利略的智慧和才干之后，锡耶纳人都对伽利略表示敬佩和尊重。

1633 年年底，伽利略在朋友的帮助下，获得罗马教廷的允许，重新回到他在佛罗伦萨的阿切特里别墅居住，但还要继续接受软禁。思父心切的大女儿在他回来的两个月后就去世了。伽利略承受着白发人送黑发人的巨大悲痛，再次病倒，身体每况愈下。1637 年，伽利略双目失明。面对疾病的折磨，爱女的离世，信仰被质疑和践踏，伽利略渐渐失去了生活的希望。但一想到自己还没有尽到一个科学家揭示科学真理的职责，带着对神的信仰，他咬着牙从病榻上爬起来，拿起笔杆子，抛却一切顾虑，倾尽一生才力，在 1638 年出版了他的最后一部著作——《关于两门新科学的对话》。英国的伊纳·泰勒在《伽利略：星空下的对话》中提出：“在新书（《关于两门新科学的对话》）的序言中，他（伽利略）说想表明他的‘沉默但并不是无所作为了’。”①《关于两门新科学的对话》是伽利略为维护科学真理与宗教权威进行的最后的战斗。这部宣扬新科学的时代巨著，以对话的形式总结了伽利略在材料强度和动力学方面的研究成果，以及对力学原理的思考，揭示了物质运动的新的科学规律。

1641 年，伽利略开始卧床不起，他最终在 1642 年 1 月 8 日去世，结束了在佛罗伦萨阿切特里的八年时光。弥留之际，伽利略回想起自己跌跌撞撞的一生，他坚信自己没有让伽利雷家族蒙羞，时间会给他一个公正的回应，而他在科学上所做出的贡献也必将泽被后世。伽利略死后，按照宗教法令，禁止人们为他建造纪念碑，只允许将遗体草草葬在小教堂外的钟塔下。学生文森佐·维维安尼遵从伽利略的遗愿，秘密地将他

---

① Ina Taylor. 伽利略：星空下的对话 [M]. 王蕾，译. 大连：大连理工大学出版社，2008：92.

和他的大女儿葬在一起。佛罗伦萨亏欠伽利略一个公正的评价。

直到 1737 年，伽利略的棺柩才被移到佛罗伦萨的圣十字大教堂。随着科学技术水平的不断提高，伽利略的科学观察结果逐渐得到科学家的证实。1992 年 10 月 31 日，在梵蒂冈，罗马天主教为伽利略平反，公开承认伽利略的理论是对的，伽利略的灵魂终于能在佛罗伦萨的圣十字大教堂获得安息，与文艺复兴的先驱们同享人们的尊敬和爱戴。自此，伽利略终于得到了世人的公正评价：近代实验科学的先驱，意大利文艺复兴后期伟大的力学家、天文学家、哲学家、物理学家、数学家。他将数学方法运用到力学、物理学和天文学当中，取得了诸多开创性的成就，被誉为“近代力学之父”“近代物理学之父”以及“近代科学之父”。恩格斯称其为不管有何障碍，都能不顾一切地打破旧说，创立新说的巨人之一；爱因斯坦评价伽利略的发现，以及他所用的科学推理方法，是人类思想史上最伟大的成就之一，而且标志着物理学的真正的开端；史蒂芬·霍金也表示，自然科学的诞生要归功于伽利略，他在这方面的功劳大概无人能及。的确，在物理学方面，伽利略是第一个利用实验研究力学的科学家，他用数学方法研究物理问题，确定了惯性定律和外力作用下物体的运动规律，为牛顿经典力学的第一定律、第二定律奠定了基础。牛顿曾说过这样一句话：“如果我比笛卡尔看得远些，那是因为我站在巨人们的肩上的缘故。”而这些“巨人”中肯定包括伽利略。在天文学方面，伽利略是第一位利用望远镜观测天体并取得大量成果的科学家。他发现了月球表面的凹凸不平，发现了木星有四颗卫星（为

伽利略故居外介绍牌

了纪念伽利略的功绩，后人把这四颗卫星称为“伽利略卫星”），他还发现了太阳黑子的存在。种种新发现将矛头直指天主教会所坚持的亚里士多德的物理学、天文学中的谬误。在哲学方面，伽利略赞成亚里士多德的著作，却责备人们把他的话一律当作神圣不可侵犯的教条，而不深究其理论依据。

科学总是在自我否定中经历阵痛，涅槃前进。伽利略一生都在坚持与教会所推崇的传统的错误观念作斗争，主张用具体的实验结果来认识自然规律，进而认识神的创造力。他用实验证实了哥白尼的日心说，彻底否定了统治千余年的亚里士多德和托勒密的地心说，这既是天文学的一大进步，也是哲学上的宇宙观的一大突破。无论是伽利略博物馆的设立还是伽利略卫星的命名，都昭示了人们对伽利略为推动科学进步所做出巨大贡献的肯定。

伽利略的沉默

佛罗伦萨记录了伽利略一生的功与名、荣与辱，见证了他个人的奋斗历程。现在，无论是在佛罗伦萨肃穆的圣十字大教堂，还是在静谧的伽利略博物馆，抑或是热闹的乌菲兹广场，你都能见到手拿一架望远镜的伽利略雕像。伽利略正是通过望远镜，用他那充满智慧的眼睛，观察到了宇宙的真理，为我们打开了探索宇宙的大门。

如果来到阿尔诺河北岸的伽利略博物馆，你将会看到一个 1674 年至 1677 年塑成的伽利略半身雕像。伽利略身着长袍，手握望远镜，双眉紧蹙，嘴巴紧闭，微低着头，神情略显落寞。你不禁会想，究竟是什么事情让他情绪低沉呢？当大多数学者正乐此不疲地宣扬教会所推崇的亚里士多德的物理学、天文学理论的时候，伽利略早已在各个方面发现了它的漏洞。由于无法公开与占统治地位的教会作对，在研究结果还未成熟的情况下，伽利略只好先默不作声，不发表任何激进的言论。有人说，伽利略一生都在用自己的发明讨好当权者来为自己谋利，缺少一个知识分子应有的遗世独立的骨气。实际上，若不能充分考虑到伽利略所处的宗教文化专制的时代背景，便无法真正了解他。16 世纪末到 17 世纪初，在天主教的反宗教改革运动中，经院哲学在西欧再度出现，成为教会运用抽象而烦琐的辩证法论证基督教信仰，进而为宗教神学服务的工具。到了伽利略生活的时代，经院哲学把视角进一步延伸到对自然的解释当中。教会改造、利用亚里士多德在天文学、哲学、物理学上的主张来捍卫天主教的世界观和价值观，维护教会解释《圣经》的最高权威地位。作为虔诚的天主教信徒，伽利略反对天主教会对《圣经》中涉及自然现象的经文进行逻辑上的思辨解释，主张应由科学家通过实验和观察去重新解释和论证。他把人的科学知识看作神的知识的一部分，抱着对神的信仰，努力探索神创造的世界的奥秘。在一系列探索过程中，伽利略逐渐突破了亚里士多德的物理学、天文学理论，打破了教会对宇宙自然的唯心主义解释。伽利略虽然不是最早指出教会对《圣经》中的自然现象做出错误解释的人，但却是第一个敢于通过实验去检验自然知识正确性的人。

伽利略渴望通过著书立说成为家喻户晓的科学家，他可以为了自己远大的科学理想而忍气吞声，也可以为了自己的学术目标而放弃眼前的名利。伽利略没有布鲁诺为科学理想而献身的决绝，他很清楚：沉默，并不是无所作为！和宁死不屈地捍卫“日心说”理论、最终被处以火刑而活活烧死的布鲁诺相比，伽利略有着异于常人的冷静和谨慎。他一生都在宗教底线的边缘踽踽独行,既要发表出自己对宇宙自然的正确认识，纠正教会所推崇的亚里士多德物理学、天文学理论中的诸多错误，又要想方设法地避免被宗教裁判所抓住把柄。伽利略一生发表了诸多著作，这些著作大多是在他的实验观察结果一步步成熟的时候，通过委婉地论证亚里士多德的物理学、天文学观点，所揭示出的科学的真理。在伽利略看来：“科学的真理不应该在古代圣人的蒙着灰尘的书上去找，而应该在实验中和以实验为基础的理论中去找。真正的哲学是写在那本经常在我们眼前打开着的最伟大的书里面的，这本书就是宇宙，就是自然本身，人们必须去读它。”[1] 所以伽利略一生都在坚定而执着地为捍卫科学的真理作斗争，他通过实验的检验推翻了教会所推崇的亚里士多德对宇宙和物质运动的错误认识，对《圣经》中的自然现象重新作了实证的解释，开创了以实验检验为依据的近代科学，为人类思想的解放和科学的进步做出了划时代的贡献。

总结其一生，伽利略明确地将教会对信仰的神学解释与科学家对自然的科学解释区分开，一方面他是虔诚的天主教信徒，相信神能指引人类找到幸福；另一方面他又质疑教会改造、利用亚里士多德对自然的思辨认识。他企图通过科学的观察，进一步把握神创造的自然的真理。不过，令人惋惜的是，在科学的发展尚未成熟的时候，伽利略触碰了教会的底线，被罗马教廷当成异教徒，被迫接受宗教法庭的不公正审判，无奈做出了违心的妥协。伽利略是一位孤独的科学斗士，也是富有挑战精神的思想先锋。你瞧，在佛罗伦萨乌菲兹广场上，伽利略的雕像赫然矗立着。伽利略身着宽松的长袍，右手握着一架精心制作的高倍望远镜，自然而又随意地将其夹在左肘，左手顺势指向天空。他眉头紧锁，前额微微仰起，眼睛随手指所指的方向望去，流露出若有所思的神情。他认真思考的姿态是如此端正安详，静默的气息里潜藏着巨大的能量。在佛罗伦萨的见证下，他完成了崇高的科学使命，甚至还用他的一生教会了我们一件事：沉默，并不是无所作为。

（撰稿：尹梦洁）

① 吴定初，黄萍. 伽利略：自然科学之文[M]. 成都：巴蜀书社，2012：64.

参考文献

爱尔兰. 望远天际：伽利略的故事 [M]. 柯美玲，译. 北京：中国人民大学出版社，2004.

德雷克. 伽利略 [M]. 唐云江，译. 北京：中国社会科学出版社，1987.

傅德岷，卢晋. 伽利略 [M]. 武汉：长江出版社，2016.

哈伯德. 不可不知的伟大科学家的成长历程 [M]. 郑淑明，译. 北京：航空工业出版社，2010.

汉默顿. 西方文化经典：科学卷 [M]. 刘莉，孙立佳，译. 武汉：华中科技大学出版社，2016.

梅森. 伽利略 [M]. 郎崧，译. 北京：外语教学与研究出版社，2005.

吴定初，黄萍. 伽利略：自然科学之文 [M]. 成都：巴蜀书社，2012.

王一川. 世界大发明（上）[M]. 西安：未来出版社，1995.

Ina Taylor. 伽利略：星空下的对话 [M]. 王蕾，译. 大连：大连理工大学出版社，2008.

开普勒

在德国斯图加特市的小镇威尔，有一座不显眼的三层小木屋。乳白色的墙壁，棕黄色的木质桁架，简单、静谧，庄重、厚实，反映了德国人严谨与稳重的做事风格。小木屋虽然质朴无华，但在这里却诞生了近代科学史上一位对后世影响深远的天文学家、物理学家、数学家约翰内斯·开普勒。

开普勒5岁前一直和家人生活在威尔镇这座简陋的小木屋里，直到1576年随父亲举家迁至符腾堡公国雷昂贝格，才离开这个安静的小镇。从幼年至终老，开普勒和家人辗转很多个城市。多舛的命运和坎坷的生活始终伴随开普勒，甚至在他去世后，他的墓地也在战乱中遭到毁坏。开普勒从出生起就与命运顽强搏斗，身心的痛苦、经历的坎坷并未击倒他，反而使他愈加坚毅，在天文领域开辟了一个跨越性的新天地。这位为天空“立法”的科学家，是马克思“最喜爱的英雄”，更是牛顿“站在巨人们的肩膀上”

远望的“巨人”。[1] 他正如浩瀚宇宙中一颗灿烂的明星，指引着人类通向宇宙科学奥秘的大门。

400 多年来，这座小木屋历经风风雨雨，已经有些破败了。1938 年，当地的开普勒协会决定对它进行翻修，将屋体外围的装饰也重新装潢，并命名为开普勒博物馆。博物馆于 1940 年进行开放展出，屋内陈列了许多有关开普勒行星运动演说的展示品。走出这座小屋，转过一个拐角便可以看到一个小型广场，广场中央矗立着一座开普勒青铜纪念雕像。这位伟大的科学家目视远方，面色沉静，仿佛正在思考宇宙之奥秘。砖红色的雕像底座的墙体周围镶嵌着四个不同姿态的小型立像，底座的最下面还有开普勒正在进行研究的青铜浮雕。雕像的正前方却只简单地雕刻着开普勒的英文姓名与出生年份，正中间刻有“ASTRONOMIA”（天文）的字样——这也正是开普勒倾其一生所探索和研究的方向。

不幸的童年

伟大的人物往往有不幸的童年，也正是这些人生中的磨难和挫折淬炼、雕琢着他们。开普勒的童年亦是如此。

开普勒于 1571 年 12 月 27 日出生在符腾堡公国威尔德斯达特镇（简称威尔，今德国巴登 – 符腾堡州斯图加特市中心以西 30 公里处）。他出生那天刚过完圣诞节，适逢当年的圣若望庆日。然而开普勒并没有因此得到命运的过多眷顾，他的命运非常坎坷：开普勒因为早产而先天不足，导致自幼体弱多病；童年的他生活在一个充斥着吵骂声的家庭中；在此后的人生里，开普勒不仅身心饱受摧残，还一直纠缠于宗教势力的争执之中，他的信仰、他的自由、他的事业，也变得格外坎坷。

小开普勒的出生对于这个没落、贫困、不和睦的家庭而言，忧虑大

---

① 参见卞德培，李芝萍. 中外著名科学家的故事：开普勒 [M]. 成都：四川少年儿童出版社，1997：1-4.

过喜悦。开普勒家族的先辈中，曾经产生了两个骑士，并成为斯瓦比亚皇帝的随从。但后来家道中落，先辈从贵族骑士沦为普通的商人和手工业者，曾经的骑士荣誉也变得一文不值，直到开普勒的祖父泽巴尔德成为威尔镇的镇长，其家世才逐渐显贵起来。但祖父政绩不佳，性格又专横粗暴，始终没有落下一个好名声。开普勒的父亲海因里希·开普勒并没有继承父辈的抱负和远见，因为无一技之长而沦为一名雇佣军人，长期酗酒，品性恶劣，终日混迹在军队中，这也导致开普勒的父母感情不佳。海因里希在开普勒出生的第 4 年，便随军队前往荷兰镇压不满西班牙统治者的新教徒暴动，这也使家族蒙羞；1576 年回国之后又因搬家弄丢了所有财产，被迫再次到外国军队中当兵。1588 年海因里希再度出征后一去不返，据说他在战后不幸死于归乡之途。

开普勒从出生起，就一直生活在家庭的“战争”之中。开普勒的母亲凯瑟琳娜·古尔登曼是一位旅店老板的女儿，也是个普通的家庭妇女，饱受丈夫的虐待，又因家庭生计问题，性情逐渐变得阴晴不定，与丈夫一见面就开始打骂；虽然她内心很爱自己的儿子，但行为方式粗暴，经常骂他“懒惰”。开普勒的祖母精明能干，却是个斤斤计较、搬弄是非的女人，因此常常与家人发生争执。身处一个不和谐的清贫家庭里，整日笼罩在吵骂之下，没有父母的疼爱，对于一个孩子而言，已经是非常不幸了，然而开普勒的不幸并不仅止于此。

早产造成了开普勒的体质先天不足，再加上后天的营养失调，使他身材瘦小，体弱多病。开普勒 5 岁时不幸感染上天花。在开普勒所在的 16 世纪，天花肆虐整个欧洲，当时尚未发现有效的治疗方法，感染上天花的人大多难逃一死。在这场凶恶的病毒风暴中，开普勒是幸运的，上帝眷顾着他，使他逃过此劫，存活下来，但开普勒也为此付出了巨大的代价。他脸上遍布天花留下的疤痕，视力也日益变差，不仅近视，还散光。在开普勒眼中，整个世界是重叠模糊的，可想而知，这对他的天文研究造成了多么大的困难。但这一切并未阻碍他钻研宇宙奥秘的前行脚步，反而促使他对外在世界的探索欲望越来越强烈。

德国斯图加特威尔镇广场

小开普勒并没有因遭受的不幸而失去孩童所具有的一切天性，相反使他变得比普通孩童更加敏感。他视力不好，却喜欢亲近大自然，尤其喜欢观察星空，向往着无比浩瀚的宇宙。特别是两次奇特的天文现象，使开普勒对宇宙更加憧憬，从而影响了他的一生。1577 年开普勒 6 岁时，有一颗明亮的大彗星运行到地球附近，他被母亲带到一处高地观看彗星划过夜幕的壮景；1580 年开普勒 9 岁时，他被家人叫到门外，看到了神秘的月食景象。这两次天象，使幼时的开普勒真正感触到宇宙的神奇，在他心底深深埋下了一颗探索宇宙奥秘的种子。

家庭的不幸和身体的缺陷并没有使开普勒成为一个自暴自弃的无用之人，反而磨砺出他坚忍的个性和强大的意志，使他更加憧憬知识，热爱科学。小开普勒在德语学校学习一段时间后，转入更受重视的拉丁语学校，接受修道院初级学校教育。他性格安静寡言，但在课堂上变得格外活跃和热情；面对不懂的问题时，他总是要问个究竟，直至弄明白为止。因为家庭生计问题，年幼的他不得不半工半读，帮助父母承担起家庭的一部分重担，这也使他的学业时断时续，以至于花了 5 年时间才完成3级学业。虽然他的家庭和身体情况并不尽如人意，但他在学习上始终名列前茅，是个品行端正的好学生。对知识的渴求和优异的成绩给开普勒带来了更多的机遇，开普勒的命运也因此而改变。

天文的启蒙

1584年10月16日，未满13岁的开普勒考入阿德尔贝格修道院神学预备学校，这是他在神学道路上迈出的第一步。1586年11月26日，他又进入毛尔布龙修道院的附校图宾根神学院的预科大学学习。在这里，开普勒接受了更高层次的教育，阅读了大量书籍，出色地完成了学习任务，展现出卓绝的学习天赋。在毛尔布龙学习期间，少年开普勒饱受皮肤病的折磨，但他依旧凭借坚强的意志勤奋学习。1588年9月，开普勒以优异的成绩顺利通过了图宾根神学院入学考试，并返回毛尔布龙完成最后的学业。

1589年9月17日，尚未满18周岁的开普勒，便以符腾堡公爵弗里德皇帝奖学金获得者的身份，正式进入德国著名的图宾根神学院学习。获得奖学金的学生可以免费在校住宿，这样就节省了开支，开普勒凭借微薄的奖学金，维持着他在图宾根神学院清苦的学习生活。开普勒首先在文艺院里学习了两年，在这里他学习了数学、天文学、哲学、修辞学等各种文化知识，还掌握了古希腊语、希伯来语、拉丁语等语言，为其一生的学术研究奠定了坚实的知识基础。开普勒在文艺院学习期间，饱览群书，汲取各种知识，尤其醉心于哲学，从而深刻影响了他对于世界的认识。开普勒研究了柏拉图、亚里士多德的著作，特别钻研了物理学和归纳法理论等内容，通过开普勒的努力，柏拉图的数学形式的理念论逐渐发展，以数学结构主义为哲学基础的近代自然科学得以成形。

在图宾根神学院学习期间，开普勒遇到了影响其终生的启蒙老师米夏埃尔·马斯特林。马斯特林是当时著名的数学家、天文学家，正是与他的相遇，开启了开普勒天文学研究道路的大门。马斯特林是开普勒最敬爱的老师和引路人，开普勒也是马斯特林最喜爱的学生，他们的师生关系在时间的洗礼下升华为一种深厚的亲情。在此后的日子里，二人之间始终保持着这种珍贵的情谊。可以说，若没有这位启蒙老师的指引，或许开普勒就不会在天文学领域取得如此卓越的成绩。

在当时欧洲的神学界，关于宇宙中心学说，占主导地位的是托勒密的“地心说”,而哥白尼的“日心说”因与《圣经》中的解释相悖而遭禁，信奉者被教会视为异端，惨遭监禁和迫害，因此在大学中几乎没有人讲授哥白尼的“日心说”。马斯特林精通哥白尼的天文理论，是哥白尼学说“小心谨慎的信奉者”①,为了逃避教会的迫害,他只在极为亲密的、“志同道合”的圈子里将哥白尼体系视为一种数学假说来介绍，公开场合仍支持托勒密“地心说”。正是从马斯特林那里，开普勒第一次了解到哥白尼的“日心说”。此前，开普勒从未读过哥白尼的《天体运行论》，马斯特林对哥白尼学说的阐释使他很快理解并接受了这种天文理论。此后，马斯特林又更为详细地向开普勒讲授这种学说思想的具体内容，特别告诫他要把天文学“纯数学的论点和物理论证结合起来”②。正是这一点，深深启发了开普勒，促使他敢于迈向新时代的天文学，对他此后的天文研究产生了极为重要的影响。

此外，推动开普勒宇宙观形成的还有一篇重要文章，这就是意大利柏拉图主义者尤里乌斯·恺撒·斯长里格的著作《附加练习》。这篇文章是尤里乌斯当时专门为意大利哲学家、数学家希罗尼姆斯·卡尔达努的 15 册《论深奥》而写的。开普勒正是通过这篇文章了解到文艺复兴时期的自然哲学及有关宇宙灵魂的观点，文章里介绍了有关“力”对宇宙天地的决定性问题。开普勒的宇宙观正是在文艺复兴自然科学思想与哲学思辨的双重启发下建立起来的。

---

① 卞德培，李芝萍. 中外著名科学家的故事：开普勒[M]. 成都：四川少年儿童出版社，1997：23.

② 厄泽尔. 开普勒传[M]. 任立，译. 北京：科学普及出版社，1987：19.

《宇宙的奥秘》

1591年8月10日，年仅20岁的开普勒以第二名的优异成绩通过了图宾根神学院的硕士考试，正式开始了神学的学习——在当时只有“最优秀”的学生才可以学习神学，与此同时他延长奖学金的申请也获得了批准。开普勒热爱神学，憧憬成为一名神职人员，但是在他即将毕业的前一年，他在宗教问题上的立场和态度令他的梦想破碎了。

在当时的欧洲，宗教派系之间的斗争十分激烈，深刻影响着欧洲社会的发展和变革，而开普勒正是身处于这一时代大变革、宗教大分裂的历史时期。开普勒是一个新教教徒，他信奉《奥格斯堡信条》[①]，在基督教与天主教、加尔文派和路德派势不两立的斗争中，始终保持着中立立场，认为两大派系之间并不存在根本性的区别。在宗教立场上“和平、妥协和统一”[②]的“暧昧”态度，给他此后的研究和生活带来了很多不幸，注定了他人生的悲剧性结局。开普勒一生秉持中立、和谐的思想，这种思想不仅体现在他对宗教的认识上，还渗透到他伟大的天文学著作中。

由于开普勒在宗教问题上立场不明确，神学院禁止他参加圣餐仪式，甚至还斥责开普勒“具有‘可怕的’自由思想”[③]，因此开普勒在1593年以优异的成绩毕业时，没能谋得一个神职。临近毕业时，适逢格拉茨地方教会学校的一位数学教师去世，在恩师马斯特林的推荐下，图宾根神学院决定派开普勒接任。虽然开普勒难以接受，但当他明白恩师保护他的良苦用心后，决定前往格拉茨，并潜心钻研学问。这次偶然的

---

① 为调节新教与天主教之间的矛盾，路德的朋友、德国新教神学家梅兰喜顿于1530年起草了《奥格斯堡信条》，对天主教徒采取一种和解态度，在1540年的《不同的信条》中强调了路德派和加尔文派的共同之处，并提出了调和的信条。加尔文本人在雷根斯堡的宗教谈判中签署了《奥格斯堡信条》。连路德本人也同意了梅兰喜顿的提议，在他死后使加尔文主义得以进入德国。

② 厄泽尔. 开普勒传 [M]. 任立，译. 北京：科学普及出版社，1981：21.

③ 卞德培，李芝萍. 中外著名科学家的故事：开普勒 [M]. 成都：四川少年儿童出版社，1997：33.

契机，使他遇到了改变他命运的另一名老师——著名天文学家第谷·布拉赫，让他走上了一条辉煌却坎坷的天文学研究之路。

1594年3月，23岁的开普勒离开德国前往奥地利格拉茨。他在格拉茨新教教会学校讲授数学，因为知识渊博，后来还兼职教授修辞学、伦理学等，赢得了学校的好评。与神职工作相比，这份工作待遇很低，年薪仅有150荷兰盾，但十分清闲。开普勒在工作以外的时间里开始编撰历书，每年编撰一本历书可以获得20荷兰盾的额外收入。当时的历书带有占星术这种伪科学的性质。开普勒对占星术的态度有些矛盾，一方面他受到了占星术宿命论的影响，错误地认为天体的运行影响着人事变化；另一方面他也反对天体的位置和自然现象与事件的发生有必然的关系。因而，他在根据格里历编制的历书中，敬告读者不要盲目依赖占星术的预报。使开普勒编制的历书声名大噪的是，他在历书中预言的1595年冬寒、农民起义、土耳其人入侵等全部应验了。这些占星预言的应验，使开普勒“占星师”的名声甚至超过了他天文学家和数学家的名号。

在教学和编制历书以外，开普勒继续着他对天文学的思考和研究，在哥白尼《天体运行论》提出的行星轨道等问题上潜心探索。开普勒十分注重数学的作用，并将数量的规律性带入行星体系的研究中，在哥白尼“日心说”理论基础上专心探求各个行星之间的数量关系。1595年10月，他在编制的1596年历书题词中，宣布了他的处女作《宇宙的奥秘》的完成。在恩师马斯特林的帮助下，这本著作得以在1596年年底出版，并被载入法兰克福书目中，于1597年2月上市。

在处女作《宇宙的奥秘》中，开普勒阐释了柏拉图式的“多面体—球形”宇宙学说，凭借数学几何关系建立起一个看似“完美”的宇宙模型，他认为太阳系由6颗行星组成，它们之间恰好与5种有规则的正多面体相联系，进而再确定轨道大小。这一时期，开普勒的思想尚有局限，他

开普勒塑像

坚信“上帝是依照完美的数学原则创造世界的”①。后来在分析第谷的观测数据制定行星运行表时，开普勒对此进行了重新修订和扩展，并于 1621 年发表了第二版《宇宙的奥秘》。在第二版中，开普勒详细记录了从 1595 年第一版完成后的 25 年间他所做的修正和改进。尽管开普勒的处女作《宇宙的奥秘》有不少瑕疵，但它的贡献却是不容忽视的，它对哥白尼《天体运行论》一书中托勒密理论残余进行清除，对哥白尼的体系给予充分的肯定，给哥白尼体系带来了严谨性和规律性。

第谷的继承人

在《宇宙的奥秘》出版之后，开普勒迎来了他人生的第一段婚姻。1595 年 12 月，开普勒向一个结过两次婚的 23 岁漂亮寡妇巴尔巴拉·穆勒求婚。巴尔巴拉是当地一个富有的磨坊主的女儿，并且她还继承了两任前夫的遗产。开普勒的求婚并不顺利，起初巴尔巴拉的父亲约布斯特因开普勒的贫困反对这桩婚事，后来又因开普勒忙于出版事宜这桩婚事险些告吹，在各方朋友的劝说下，约布斯特最终同意了。1597 年 4 月 27 日，开普勒与巴尔巴拉在格拉茨大教堂举行婚礼。开普勒对婚后生活十分憧憬，以为家庭经济情况会因此得以改善，生活会幸福美满，但是命运又捉弄了他。由于两人文化修养和生活经历差别太大，夫妻之

① 陈吉明. 科学技术简史 [M]. 成都：西南交通大学出版社，2013：177.

间难以理解，无法沟通，家庭陷入整日的争吵之中。不幸接连而至，巴尔巴拉在婚后两年里生下了一儿一女，但是两个孩子却在出生后不久因为脑膜炎都夭折了。

开普勒故居（德国斯图加特）

婚姻的不幸，孩子的早夭，开普勒在承受着这些未曾预料的打击的同时，又一次为奥地利的反宗教改革运动所波及。1598年9月27日，费迪南德大公下令所有新教教堂、学校的工作人员必须在当天日落前离开城市，七日内离开领地，否则会被处以极刑。虽然开普勒因地方数学家的身份被允许居留，但是他又不愿顺从政府的强权，这使他进退两难、无比压抑。就在他一筹莫展之时，早在1595年曾邀请过他一起共事的丹麦皇家天文学家第谷·布拉赫，再次向他发出邀请，希望他能够到布拉格鲁道夫二世的皇宫中一起研究天文学。开普勒曾在处女作《宇宙的奥秘》发表后寄赠给第谷，二人从此结下深厚的情谊。对于开普勒而言，年长他25岁的第谷·布拉赫是继马斯特林之后又一位影响了他一生的学者。两人亦师亦友，开普勒后来在行星运动规律研究方面取得的历史性突破，都与第谷有着密不可分的关系。

1600年新年，开普勒携家眷抵达布拉格，在此地稍作停留后，开普勒便赶到了第谷工作的天文台所在地贝纳特克。1600年2月4日晚，开普勒和第谷相见，此次相见是天文学史上具有历史意义的一次会晤，它标志着近代自然科学的两大基础“经验观察与数学理论的结合”[①]。第谷的贡献主要在经验观察方面，他所建立的宇宙体系是介于托勒密体系与哥白尼体系之间的折中体系；而开普勒的《宇宙的奥秘》则是在先验思辨的基础上进行数学理论计算，从而推导出宇宙的模型。在此后的三个多月里，两人之间的合作因为性格迥异、观点分歧，经常产生争论和摩擦，但这并不能阻碍他们对真理和科学的追求。可是好景不长，第谷在 1601 年 10 月 24 日因病意外逝世。临终前，他将开普勒指定为他的科学遗产继承人。开普勒在第谷留下的 20 多年的观测材料基础上，继续着第谷筹划的一项大规模的天文计算工作——《鲁道尔夫星行表》，并不断思考着宇宙行星运行问题。

第谷的逝世让开普勒进入了一个特殊的时期：一方面，开普勒接替了第谷的工作，得以管理第谷的全部遗物，并被任命为鲁道夫二世的皇家数学家，这使他的工作在表面上看来十分体面；而另一方面，土耳其战争导致的经济危机使皇家一直拖欠开普勒的薪水，经济上的困难并未因接任新职而扭转；此外，第谷的女婿对第谷遗物的霸占，更是严重影响了开普勒工作的进展。开普勒并没有被这些眼前的困难所打倒，他在前人关于天文学说方面的基础上，对第谷的观测数据进行了详细的分析，对火星的轨道形状做了大量的设计与尝试。

经过深入的分析和研究，开普勒确立了两个基本观点：第一，火星的轨道必须相对于太阳，而并非像哥白尼所说的那样相对地球轨道的中心；第二，传统的地球、太阳相对运动，必须用一个均衡点来修正，行星的轨道是圆的，但只有从这个均衡点看，行星的运动是等角速运动。[②]他抛弃了传统的方法，把均衡点设置在太阳和圆轨道中心连线的任意一点上，这样使得日心经度的误差仅有 2 分，而日心纬度的误差却增加到

① 厄泽尔. 开普勒传 [M]. 任立，译. 北京：科学普及出版社，1987：34.

② 参见卞德培，李芝萍. 中外著名科学家的故事：开普勒 [M]. 成都：四川少年儿童出版社，1997：93.

8 分。就是这 8 分的误差，证明了托勒密的计算是错误的，在天文学界引起了彻底的变革。开普勒是敢于创新的，同时也是谨慎的。他在第谷观测资料的基础上不断地思考、验证，在有了扎实可靠的论据之后，才于 1609 年公布了这些规律。

“天空的立法者”

1609 年夏，开普勒在德国出版了具有划时代意义的巨著《新天文学》。该书中最耀眼的部分，是他发现并总结出的行星运动两大定律：一是轨道定律。行星都在大小相同的椭圆轨道上围绕太阳运动，而太阳位于椭圆的一个焦点上。二是面积定律。从太阳中心到行星中心的连线，即向径，在相等时间内扫过的面积相等。轨道定律和面积定律，即如今所称的行星运动第一定律和第二定律。这两条定律解释了太阳系行星运动的基本问题，进一步瓦解了托勒密“地球中心说”理论：近日点与远日点的出现，是因为行星运动的轨道是椭圆形，所以其距离太阳有近有远；因为行星的轨道速度是不稳定的，会随着与太阳的距离而变化，在近日点时速度大，远日点时速度小；无论行星轨道运行速度如何，在相等时间内，行星向径在椭圆轨道内侧扫过的面积是相等的。[①] 在该书中，开普勒还试着寻求一种通用的力学法则，用以解释地表重力、海洋潮汐以及行星运动，这在此后也影响到了伟大的物理学家牛顿，直至 1687 年牛顿发表《自然哲学的数学原理》，宣布了万有引力定律，对这一问题给出了真正的答案。

《新天文学》的出版，并没有使开普勒的处境得以扭转，相反，他又一次进入人生的困境。1611 年 3 月，鲁道夫二世被迫退位，马提亚

① 参见卞德培，李芝萍. 中外著名科学家的故事：开普勒 [M]. 成都：四川少年儿童出版社，1997：101.

故居前门

大公继位，开普勒因此失去了保护者和支持者。由于缺乏支持，他的天文观测只好中断，甚至连天文台的日常活动都难以为继。在这种困境下，他只好选择离开布拉格，前往奥地利首府林茨教授数学。在林茨地方学校，他过着苦行僧一般的生活，起初学校发给的薪水勉强能够贴补家用，研究也不至于因为家庭经济原因而中断。但是后来薪水的拖欠问题日益严重，这使得开普勒一家陷入经济危机，不得不借债艰难度日。再加上开普勒的宗教立场问题，不仅《鲁道夫星行表》的编绘工作始终难以推进，他还被天主教会敌视，逐出了圣餐仪式，这也就意味着他被革出了教门。

然而，上帝无时无刻不在磨砺着这位伟大科学家的心志，他的家庭再遭不幸。他的两儿一女相继染上天花不治而亡，就连他最疼爱的、仅有六岁的小儿子弗里德里希也不幸死去。接连的丧子之痛，使妻子巴尔巴拉精神上受到极大的折磨，她忧思成疾，不久撒手人寰。家人相继离去使开普勒痛不欲生，他花费了两年多的时间才从巨大的悲痛中解脱出来。在他人的介绍下，开普勒于 1613 年 10 月 30 日与一位木匠的女儿苏珊娜·罗伊特林格结了婚，婚后的生活使开普勒感受到一些幸福和安慰。

尽管生活对开普勒来说是极其不公平的，可他从不埋怨命运，而是负重前行，继续深入研究。1609 年开普勒在《新天文学》中宣布轨道定律和面积定律之后，通过十年的刻苦钻研，于 1619 年在《宇宙和谐论》一书中公布了又一项重要的发现——周期定律，也被后人称为行星运动

生动形象的开普勒雕像

第三定律，即行星到太阳平均距离的立方与其公转周期的平方成正比。[1]周期定律说明了如果行星与太阳之间的距离越远，那么其绕太阳公转的周期就越长，运动得也就越慢，它的平均角速度和平均线速度都会越来越小。

《宇宙和谐论》是开普勒最重要，也是最具有争议的著作，秉承了开普勒一贯的“和谐”的思想。在这部著作中，开普勒利用“和谐”的概念来论证他的假设，利用因果规律来分析和理解太阳系结构。他认为自然界的天体遵循统一、和谐的法则运动，还认为自然科学与神学两个领域是紧密相关的。这部著作以严谨的结构阐述了开普勒的宇宙和谐理论，系统地展现了开普勒所有的科学成就和哲学思想，清楚表明了开普勒最杰出的科学成就——理论天文学的建立。《宇宙和谐论》标志着天文学发展到了新的高峰，它宣告了宇宙和谐和世界的和平统一，是一部在当时引起最激烈政治争论的著作，成为与欧洲三十年战争（宗教战争）相对立的伟大思想作品。[2]

---

① 参见卞德培，李芝萍. 中外著名科学家的故事：开普勒[M]. 成都：四川少年儿童出版社，1997：118.

② 参见厄泽尔. 开普勒传[M]. 任立，译. 北京：科学普及出版社，1987：63.

开普勒在第谷 20 多年的观测基础上，经过 16 年的潜心研究发现了行星运动的三大定律。三大定律的发现在天文学上产生了十分重大的意义，它彻底摧毁了托密勒体系，彻底将哥白尼学说从托勒密体系中解放出来，证明太阳系行星世界是一个匀称的“和谐”系统，使原本复杂神秘的行星体系变得更加简单明了。后人为纪念开普勒的卓越成就，将他所发现的行星运动三大定律命名为“开普勒定律”。这三大定律成为行星宇宙的“法律”,后世也尊称开普勒为“天空的立法者”。

最后的苦难

在《宇宙和谐论》发表后不久，1620 年，开普勒的母亲凯瑟琳娜因得罪了当地有权势的人，而被诬陷“行巫”（施行巫术）遭到逮捕。开普勒为了解救母亲，钻研法律，经过一年多的奔走努力，凯瑟琳娜得以释放。可她在狱中受到长期的恐吓和虐待,身心都遭受了巨大的打击，于 1621 年出狱后不久便离开了人世。此时，开普勒被皇帝费迪南德二世任命为皇家数学家，继续编制《鲁道夫星行表》。在此之前，开普勒一直从事理论天文学教科书的编写工作，1618 年至 1621 年陆续完成了《哥白尼天文学概要》并出版。这部著作系统论述了新天文学理论，用对行星运动及其规律的物理观察阐述和证明了哥白尼的数学假设。开普勒这部理论著作也于明朝崇祯年间引入中国。

在开普勒的后期天文工作中,《鲁道夫星行表》是其最具分量的研究成果，它凝结了两代天文学家的心血和智慧。它不同于以往的星表，并没有按顺序刊登特定的那些天的行星位置，而是给出了一种推算行星位置的方法。读者用这种方法可以计算以往和将来的行星位置，预报日食和月食，因此是一种永久性的星表，这比当时其他任何一种星表都要精确。[1]根据这本书的理论和计算方法，开普勒又于 1629 年写了《稀奇的 1631 年天象》一书，预报了 1631 年的水星、金星凌日的现象。《鲁道夫星行表》的编撰历时 20 多年，于 1627 年得以出版。20 多年间开普勒遭受了家庭的变故、教会的排挤、第谷家人的恶意纠缠，它的出版不仅仅是开普勒心血的结晶，也饱含无尽的无奈和辛酸。

《鲁道夫星行表》完成后，开普勒因反宗教改革运动再次面临被解雇的困境，他主动向奥地利议会辞去了数学家的职务，于 1628 年 7 月离开了他居住时间最长、科学成果最丰硕的奥地利首府林茨，前往萨冈。在他离开林茨之前，皇帝的顾问和大臣曾向开普勒抛出橄榄枝，开普勒明白接受这些优厚待遇势必要自己放弃对新教的信仰。就在开普勒思考该何去何从时，迷信星辰、酷爱占星的皇家司令瓦伦斯坦将军决定聘用他担任顾问，开普勒冒险答应下来，开始编制星历表。

1629 年底，开普勒完成星历表，此时皇帝费迪南德二世与瓦伦斯坦将军关系紧张，这使他寝食难安。1630 年 6 月，费迪南德二世撤掉了瓦伦斯坦的职务，开普勒决定前往雷根斯堡面见皇帝陈述自己的困难，以讨回皇家积欠的薪水。1630 年 11 月，开普勒带着星历表样本和所有证明他财产的文件来到了雷根斯堡，却在到达后的第三天，便高烧不退，一病不起。1630 年 11 月 15 日，这位经历了太多不幸和困苦的伟大科学家，在政治纠纷、疾病缠身之中与世长辞，终年 59 岁。

1630 年 11 月 17 日，开普勒的遗体被存放于圣彼得堡公墓，这一天恰好发生了月食，当地许多人前来悼念开普勒。在他的墓碑上镌刻着他生前留下的墓志铭：

我曾测天高，
今欲量地深，

---

① 参见卞德培，李芝萍. 中外著名科学家的故事：开普勒 [M]. 成都：四川少年儿童出版社，1997：139.

开普勒故居外景

上天赐我灵魂，

凡俗的肉体安睡地下。[①]

在开普勒离开萨冈的时候，他似乎已经预感到死亡的临近，便将写好的几行诗留给他的女婿，以备后事之用。简短的诗文却写尽开普勒的一生，深刻地展现了他对真理、对知识、对他所热爱的天文事业的不懈追求和探索。他一生致力于科学事业，献身于天文学研究，他的“和谐”思想又饱含他对宗教的虔诚，亦可看出他复杂而矛盾的世界观。最终，这份“安睡地下”的愿望也幻灭了。开普勒生前因宗教问题受到排挤和压迫，在他去世之后，那片埋有他遗骨的新教墓地也被仍未休止的战争夷为平地。

开普勒的命运坎坷多艰，“苦难”可以说正是他一生的真实写照。曾有人这样评价开普勒：“第谷的后面有国王，伽利略的后面有公爵，

① 车桂．倾听天上的音乐——哲人科学家：开普勒［M］．福州：福建教育出版社，1994：176.

牛顿的后面有政府，但是开普勒的后面只有疾病和贫穷。”[①] 困苦的生活，缠身的病痛，无尽的变故，在各种逆境之中，他从未放弃过对科学和知识的追求，在命运的暴风雨中，迎难而上，永不止步。正如爱因斯坦在《悼玛丽·居里》中所言，第一流人物对于时代和历史进程的意义更多在于其道德品质方面。开普勒坚强之意志、勤勉之精神、不屈之气概，使人肃然起敬。

作为 17 世纪科学革命中最重要的科学家之一，开普勒最大的科学成就是通过对哥白尼理论体系的改革和发展，促进传统天文学的革新，建立起新的天文学体系，摒弃了人们对行星运动长达两千年之久的错误认识。开普勒将他的新天文学描述为“天体物理学”，通过将天文学作为通用数学、物理学的一部分改变传统物理宇宙学，具有开创意义。《宇宙的奥秘》《新天文学》《宇宙和谐论》和《哥白尼天文学概要》四部专著“奠定了开普勒新的天文学体系，涵盖了几乎所有的开普勒新天文学的思想和内容”[②]。他提出的行星运动三大定律，不仅改变了天文学的计算方法，还对各类星体和人造天体都具有普遍意义。开普勒的科学发现不仅是经典天文学的基石，还直接指明了通向天体力学的道路，为后来牛顿发现万有引力定律奠定了基础。

开普勒不仅专注于研究天文理论，还在没有天文望远镜时，以他模糊不清的双眼观测超新星和彗星，并写下《新星》《彗星论》等专著，具有重要的史料和研究价值。在光学方面，开普勒还是近代光学奠基人，他提出了光线清晰概念，还将其应用于人眼的研究。后来他写下《光学》一书，论述了眼睛的构造以及折射、反射等各种光学现象，并发明了一种改进型的折光式望远镜（开普勒望远镜）。另外，开普勒还热心于科普工作，他曾写下一部类似于科学幻想的小说《月亮梦游记》，将数学、

---

① 周海霞. 天文学的领军人[M]. 长春：吉林出版集团有限责任公司，2014：124.

② 王国强. 新天文学的起源——开普勒物理天文学研究[M]. 北京：中国科学技术出版社，2010：3.

物理和天文知识相融合，进行大胆的想象。这部作品在开普勒逝世三年后才得以问世，现代著名科幻小说作家阿西莫夫评价它是“第一个由专业科学家写作的科学幻想故事”①。这些形形色色的著作和广泛的研究兴趣，向我们展现出开普勒的博学多识。

虽然这位伟大的天文学家、数学家、物理学家早已离我们远去，但他留下来的丰硕的科学成果和宝贵的精神财富依旧深深影响着我们。2009 年 3 月 6 日，世界首个探测太阳系外类地行星飞行器“开普勒”太空望远镜在美国发射升空，人们以这种方式纪念这位伟大的天文学家，继续探索着他挚爱的星空。在探索浩瀚宇宙的道路上，人类从未止步。

（撰稿：王梦琪）

参考文献

卞德培，李芝萍. 中外著名科学家的故事：开普勒 [M]. 成都：四川少年儿童出版社，1997.

车桂. 倾听天上的音乐——哲人科学家：开普勒 [M]. 福州：福建教育出版社，1994.

厄泽尔. 开普勒传 [M]. 任立，译. 北京：科学普及出版社，1981.

刘宗华，李珂. 中外科学家发明家丛书：开普勒 [M]. 北京：中国国际广播出版社，1998.

王国强. 新天文学的起源——开普勒物理天文学研究 [M]. 北京：中国科学技术出版社，2010.

① 卞德培，李芝萍. 中外著名科学家的故事：开普勒 [M]. 成都：四川少年儿童出版社，1997：139.

牛　顿

林肯郡位于英国东部，是英国的第一人口大郡。林肯郡东临北海，南临剑桥郡。这里和英国其他地方一样，属于温带海洋性气候，全年多雨，少见太阳，却有一个独一无二的小镇——格兰瑟姆镇。格兰瑟姆镇在林肯郡的西南方向，是一个历史悠久的小镇，有着很多传奇故事。这个小镇出过两位名人：一位是英国首位女首相，有“铁娘子”之称的撒切尔夫人；另一位就是在格兰瑟姆小镇上的一座雕像的原型。这座雕像矗立在小镇的中心广场上，高大黢黑，周身漆成了蓝黑色；雕像下方的石座上简单地刻着一个名字。这个名字让这座颜色黝黯、乍一看十分普通的雕像散发出了照亮整个科学界的光芒。这就是在数学、物理学、光学等方面有着卓越贡献的艾萨克·牛顿。刻着名字的厚实底座让身穿长袍的牛顿显得更加高大，就如同 300 多年前站在巨人肩膀上的牛顿本人一样。

在去格兰瑟姆镇读中学之前，牛顿的童年生活是在伍尔索普村度过的。伍尔索普村在格兰瑟姆镇的南边，村子里几乎每户人家都是两层红砖房，院子里有郁郁葱葱的草坪和矮灌木，道路两边也种着茂密的树木，绿色的植物和砖红的房屋相映衬，让整个村子散发出一种活泼又不失稳重的气质。村子里有一条以牛顿名字命名的路，沿着这条路一直走，走到路尽头的小山丘上，就能看到一座低调朴实的庄园，这里就是牛顿家的庄园。庄园里有一栋普通的两层小砖房，从外面看上去和村子里其他装修精良的房子似乎不是一种风格。1643 年，牛顿就出生在这栋小砖房里。如今这里已经被装修成了一个小型博物馆，专供慕名而来的游客参观。走进这栋小砖房，人们就能看到牛顿年少时学习和生活的地方。

牛顿 12 岁以前都是在伍尔索普村度过的，在他以后的坎坷求学路上还曾两度被迫中断学业回到家乡。如今庄园里还有很多苹果树，但启发了牛顿发现万有引力定律的那棵已经不在了。据说那棵举世闻名的苹果树已经在一百多年前被暴风雨刮倒。伍尔索普的风车和苹果树陪伴了牛顿的童年时光，也见证了牛顿从热爱摆弄小发明的巧手儿童成长为考上剑桥的天才少年。牛顿启蒙时期的发明创造，甚至到后来的许多科学发现，都是在种着苹果树的家乡得到的灵感。牛顿和苹果树的奇妙“碰撞”不但让格兰瑟姆镇多了一个传奇故事，也让牛顿在物理学方面做出

牛顿故居远景

了卓越贡献。事实上，牛顿的科学成果不仅仅是发现“万有引力”，他在其他领域，如光学、数学、天文学等方面都有突出成就。牛顿在这些领域的研究成果成为接下来三个多世纪的科学理论基础。这些理论也是现在很多国家大中学生的必修课程。牛顿在 20 多岁就达到了很多人穷尽一生也达不到的高度。

牛顿出生时恰逢英国资产阶级革命爆发，整个欧洲都处在一种动荡不安的局势中。这场革命削弱了教会的力量，使英国传统迷信的思想得以解放，科学研究的环境得到了改善，科学的前景也逐渐变得光明。“革命推动了历史前进，开辟了人类发展的新时代，从而把社会提高到一个更高的阶段。”① 与一个世纪前那些因为提出与有神论思想相违背的科学理论而惨遭教会迫害的科学家相比，牛顿可以说是站在了“巨人的肩膀上”。

牛顿的一生充满传奇，提起他后人无不满怀敬仰。这样一位伟大的科学家不仅是英国的骄傲，更是全世界的宝贵财富。我们可能无法透彻理解牛顿在 20 岁就研究出来的各种定律，但可以去了解这样一位科学巨人的生平，去感受他给我们带来的科学启蒙。

心灵手巧的小“发明家”

1642 年，是科学史上重要的一年。这年的 1 月 8 日，伟大的天文学家、物理学家、数学家伽利略闭上了他的双眼；这年圣诞节，未来的科学巨人牛顿呱呱坠地。出生在这个特殊的日子、特殊的时期，似乎预示着他将如基督耶稣一般拥有坎坷而独特的命运，也预示着他将走上如伽利略一般不平凡的科学之路。牛顿成长的年代是英国的克伦威尔时代。克伦

① 科斯明斯基，列维茨基主编. 十七世纪英国资产阶级革命上[M]. 何清，译. 北京：商务印书馆，1990：2.

威尔作为叛乱上位的统治者，对那些王族旧臣很是忌讳，所以派出部队日夜搜捕所谓的“王党分子”。牛顿的家乡就时常有这些军队出现。克伦威尔军队的搜查让小镇居民时常处于恐慌的状态。伍尔索普也常常遭到军队的搜查，充斥着炮火和骚乱。

牛顿的父亲也叫艾萨克，但是父亲在他出生前 3 个月就去世了。原本一个幸福的三口之家，因为父亲的离世而塌了一角，增添了诸多艰辛。母亲生牛顿的时候又遇上了难产，几经周折小牛顿才来到了这个世界。未足月的小牛顿瘦小虚弱，一点都看不出有什么与众不同。为了纪念英年早逝的丈夫，母亲决定让小牛顿继承父亲的名字，给他取名为艾萨克。牛顿三岁的时候，母亲改嫁，从此小牛顿就跟着外祖母生活。不久母亲和她的新丈夫也有了孩子，一家人居住在另一处地方，牛顿便一直和外祖母相依为命。母亲从她再婚的丈夫那里为牛顿谋得了一小块田地。因为继父的田地和财产，牛顿才有了一小份收入。依靠这份微薄的收入，牛顿与外祖母得以勉强度日。牛顿是在家附近的学校上的小学。因为要帮家里干活，牛顿并不能够专心地投入学习。而事实上，牛顿对课本上的知识也不是很感兴趣，因此他的成绩并不十分出色。因为从小就远离家人，牛顿的性格有些沉默内向。相比人多吵闹的学校，他更喜欢自己一个人待着，动手做些小玩意。有一次，牛顿看到早晚太阳的方向不同，以及不同时间人的影子方向和长短的差别，感到十分好奇。他根据自己的思考制作了一个“日晷”。这个仪器仅由一块圆形的石板和一根指针组成。指针以一定的角度竖在石板上。随着太阳的运动，指针会在石板上呈现出不同长度和方向的影子，由此便可以推断大致时间。这个发明给全家带来了便利。要知道，在钟表还未普遍小型化的 17 世纪，一台计时的钟表不但体积庞大、分量沉重，而且价钱也十分昂贵，不是一个普通家庭能够承担得起的。

牛顿 12 岁，到了该上中学的年纪，他便独自一人到了十几英里外的格兰瑟姆镇中学读书。在舅舅的帮助下，他寄住在格兰瑟姆镇一个药剂师家。升入中学的牛顿还是和在伍尔索普读小学的时候一样，对课堂

牛顿居住处

没有很大的兴趣。他不喜欢坐在教室里听老师传授知识，而是更热衷于自己的发明和探索。药剂师家里的各种药品和化学品给了牛顿最早的化学启蒙。牛顿也在药剂师的指导下做过一些化学实验。同时，他还依旧保持着自己小时候的兴趣，执着于各种小发明、小手工。当时，格兰瑟姆镇装了一架风车，用于农业劳动。镇上的居民们都很好奇，纷纷去参观这个“高科技”物件。牛顿对这架风车也十分感兴趣，每天上学放学的路上，他都仔细地观察风车。从它的外部构造到各种细节，牛顿都一一记在心里。不久后，牛顿就模仿那架风车做了个小的模型，并且异想天开地抓了一只老鼠来驱动风车，用“鼠力”替代“风力”。这台小风车模型样子逼真且十分精致，竟也吸引了不少人来参观欣赏。大家都对牛顿的巧手赞叹不已。只不过为风车提供动力的“鼠小弟”每天都要吃掉不少食物，这一点让牛顿很是苦恼。

除了搞些小发明，牛顿有时候也会做一些灯笼、风筝之类的小玩具。牛顿把平时攒的零花钱都花在了买工具上。或许正是牛顿年幼时的经历和爱好使他成为一个独立自主、积极探索的人。这些小发明和小玩具不仅给他的生活带来了乐趣，也成为他日后科学探索的启蒙工具。

然而,开心的日子没有持续多久。牛顿 15 岁的时候,他的继父去世,母亲带着三个孩子回了伍尔索普村。牛顿和外祖母两个人的生活本就不宽裕，没了依靠的母亲带着三个嗷嗷待哺的孩子回来后，这个家庭的处境变得愈加艰难。牛顿不得不辍学回家干活，帮助家庭减轻负担。这个时候的他才意识到学校的生活是多么宝贵，并且也重新认识到了书本知识的重要性。牛顿的日常生活从学习、思考、做手工变成了砍柴、放牛、做家务。尽管离开了校园,牛顿的心里依旧保持着对科学的好奇和热爱。他经常会因为看书或是思考问题而入迷，忘记手上的活。为此牛顿受了母亲不少责怪。但是，母亲也从牛顿的这些举动中看出了他对知识的渴求。最终，在格兰瑟姆镇中学校长斯托克斯的劝说下，母亲同意让牛顿复学。虽然家里的日子依旧紧巴巴的，但在校长和舅舅的帮助下，牛顿得以重回校园。之后，牛顿以他独有的天赋和不懈的努力，考上了英国最负盛名的高校——剑桥大学。

善于思考的剑桥尖子

剑桥大学创办于 1209 年，建校几百年来，培养了哲学家培根、诗人弥尔顿、经济学家凯恩斯等在各个领域有突出成就的学者文人。1661 年到 1665 年，牛顿在剑桥大学三一学院学习。三一学院在剑桥大学乃至全世界都享有盛名，哲学家培根也曾就读于这个学院。

牛顿与剑桥结缘不仅得益于他本人极高的天赋，也得益于同样毕业于剑桥大学的格兰瑟姆镇中学校长斯托克斯。斯托克斯校长早在牛顿还未辍学时就看出了这个孩子天赋异禀，尽管中学时期的牛顿并不怎么专心学习，整天沉醉于机械和模型。斯托克斯校长十分关心这个天资聪颖的孩子，总是劝诫牛顿要好好学习，时刻督促他的作业和笔记。正是斯托克斯校长对牛顿的严格要求，以及后来他对牛顿的鼎力相助，才没让这位未来的科学巨人被埋没。在中学毕业典礼上，斯托克斯校长还曾自豪地说过，牛顿是这所学校最优秀的一名学生。斯托克斯校长说这句话的时候，牛顿还只是一个刚刚考上大学的中学毕业生。

作为英国乃至全世界顶尖的学府之一，剑桥良好的学习环境和丰厚的文化资源让牛顿感受到了与格兰瑟姆完全不同的学习氛围。来到剑桥的牛顿仿佛一条小鱼进入了知识的海洋，学富五车的学者、教授以及图书馆里丰富的藏书、资料，这一切都为牛顿打开了新世界的大门。如果说伍尔索普是牛顿传统意义上的家，那么可以说剑桥大学是他科学意义上的“家”。牛顿正统的科学之路始于剑桥，他取得的各项成绩也离不开剑桥时期的老师同学们的帮助和指导。剑桥的一草一木就像伍尔索普的苹果树一样，见证着牛顿的成长。

牛顿每天根据学校的安排学习各种课程，课后还去图书馆学习自己感兴趣的科目。对于学校的课程牛顿完成得比较轻松，老师们都对这个从小镇来的学生大为赞叹。牛顿在剑桥时的导师是本杰明·普莱恩。普莱恩不限制牛顿的学习范围，只是为牛顿答疑解惑，引导他自主地学习，从而发现自己的研究兴趣。受到中学时期曾寄住在药剂师家的影响，刚开始牛顿的学习兴趣在化学方面。随着学习的深入，牛顿的兴趣逐渐集中在了数学和物理学上面，并且有了一些重要发现，例如，发现了日光谱，提出了光的粒子说和颜色理论的初步想法，更重要的是发现了微积分的计算方法。

牛顿在数学方面的老师是伊萨克·巴罗。巴罗当时是剑桥大学卢卡斯数学讲座的教授。牛顿从巴罗教授的数学讲座上受到了很大启发，对数学这门学科产生了浓厚的兴趣。巴罗教授在和牛顿接触几次后，认为这个学生是可造之才，于是对牛顿多有关注。在教授的引导下，牛顿开始大量阅读数学方面的书籍。大学期间，牛顿学习了数学家欧几里得的《几何原本》。有了老师的指导加上自己的认真钻研，牛顿在数学方面很快就大放异彩。1664 年到 1665 年，牛顿陆续发表了几篇数学论文。这些论文的发表展示出他在数学方面的研究成果，引起了学界的广泛关注。

1665 年，牛顿获得剑桥大学学士学位，顺利毕业。但是，毕业之

故居正门

后牛顿的生活并不顺利。就在牛顿毕业的那个夏天，英国爆发了一场大瘟疫。疫情从英国北面向南扩散，造成英国大面积的人口死亡。伦敦也未能逃过。超过 8 万人死于这次瘟疫之中，足足相当于当时伦敦人口的五分之一。剑桥大学出于安全考虑，决定全校停课，所有学生都被遣返回家。原本打算留在学校继续科学研究的牛顿不得不回到家乡。

但是，塞翁失马，焉知非福。尽管这次突如其来的瘟疫打乱了牛顿的计划，却也让他的生命有了新的升华。牛顿和苹果树的奇遇就发生在这一时期，他和科学的“深入交往”也得益于这一时期的专注。很多人认为，牛顿回到故乡的这段时间是他最有创造性的时期。牛顿本人在晚年撰写回忆录时也曾表示，他的大部分研究成果是在瘟疫流行的两年中产生的。重回伍尔索普的两年不仅是他一生中科研精力最旺盛的时期，而且是他一生中最专心于数学和哲学研究的时期。在这段时间里，牛顿不但整理出了他数学方面的研究成果，包括微积分、二项式定理等理论，还思考了很多有关力学、光学方面的问题，为他日后的重大发现奠定了理论基础。也是在这段时间里，牛顿将自己的研究成果整理成册，出版成书。这本书就是《自然哲学的数学原理》。

住在家乡的这段宁静的时光里，牛顿的思想得到了很好的沉淀。在这个近乎与世隔绝的小乡村，牛顿可以随兴发挥，自由思考，不用考虑成绩和学分。虽然远离了老师和同学，牛顿依旧可以从庄园里的苹果树，屋子上的一砖一瓦，身边的一草一木中获得灵感。庄园见证了牛顿的诞生，也见证了他飞一般的成长。

年轻有为的大学教授

早在牛顿离开学校之前，巴罗教授就已经帮牛顿谋得了学校教员的职位，牛顿可以免费住在学校，还有薪水可领，更重要的是能够继续利用学校的资源进行科学研究。但是，突如其来的瘟疫打乱了他的计划，牛顿不得不回到伍尔索普。正是在伍尔索普躲避瘟疫的这段时间里，牛顿得以把所有精力集中在科学研究上。这段因为突发疫情而“返乡啃老”的经历为牛顿日后的科研活动打下了坚实的基础。

1667 年，牛顿终于重回剑桥大学，并开始硕士课程的学习。只用了一年半，牛顿就完成了硕士课程并获得了研究生高级奖学金。实际上，牛顿只不过是将他在伍尔索普村时的思考在此时加以发展和延伸。重回剑桥的牛顿开始了对反射望远镜的研究制造，同时也帮助巴罗教授整理光学讲义，为讲义的出版做准备。因为这些研究，牛顿得到了老师和学

故居的苹果树

校的认可。在开始硕士课程的六个月后，牛顿就被选为三一学院的选修课研究员，不久后又升任主修课研究员。得到职位的牛顿不但可以拥有更多的资源，还获得了一份可以维持生计的薪水。从此牛顿可以更加专心地投入科学研究而不必为窘迫的生活所困扰了。

巴罗教授作为牛顿的良师益友，在看到牛顿的卓越才能后，对他抱有很大的期望。年纪渐长的巴罗教授正想着为他的卢卡斯讲座寻找接班人，成绩突出的牛顿成为他考虑的第一人选。当初牛顿就是在这个讲座上和数学结缘，然后一步步和数学结下了“深厚的革命情谊”。巴罗教授想让牛顿接替自己的位置还缘于一件事。在 1668 年，牛顿向巴罗教授提交了一篇题为《无穷多项方程的分析》的论文。这篇论文论述了有关“流数”的问题，同时系统地总结了流数和二项式定理的研究成果，是牛顿在数学方面写成的第一篇论文。论文提交没多久，牛顿的研究兴趣就转移到了望远镜的制作上，把这件事忘了。但巴罗教授却对这篇文章十分看重，还把文章给了他的朋友数学家科林斯看。科林斯对这篇文章大加赞赏，认为牛顿是个很有才华的青年。科林斯对牛顿的肯定让巴罗更加坚定了让牛顿接替自己教授职位的想法。1669 年 10 月，牛顿被任命为卢卡斯讲座的数学教授，此时的牛顿还不到 30 岁。

成为教授的牛顿每周只需要讲一节课，教学任务并不繁重。此时他开始编写光学教材，因为他已经把研究方向从数学转向了光学。牛顿上课时讲授的也是光学的内容。尽管牛顿的大脑十分敏锐聪慧，但在教学上却显得有些古板沉闷。他上课的时候没有过多的课外话题，只是把自己日常做实验的结果讲给学生听。他讲得很慢，讲述的内容也很深奥，学生常常听得云里雾里，并不十分感兴趣，因此听这门课的学生并不多。

但是牛顿本人并不关心课堂是否有趣、是否吸引学生，他更关心的是他的实验。牛顿在成为教授以后，并没有止步不前，反而更进一步延伸了对其他领域的探索。这些都得益于微积分的使用，让牛顿在其他领域也能融会贯通，并在光学领域取得了突出成绩。

耀眼的科学成就

牛顿的科学成就主要集中在三个方面：数学、力学和光学。

很多人认为，牛顿在数学方面最大的成就就是开创了微积分研究。不过，这种说法并不十分准确。事实上，德国数学家莱布尼茨在微积分方面也有很大成就。莱布尼茨几乎是和牛顿同时进行着微积分的研究。关于二人谁先开创微积分领域的研究，后来学界有过争论，但从时间上看，牛顿在1666年回乡的时候就写出了有关微积分的文章，比莱布尼茨1675年得出的结论早了近十年，因此牛顿应该算是微积分领域研究的第一人。但不可否认，二人都对微积分有深入的研究并得出了重要的结论。

微积分是自然科学中一种基本的数学工具。简单来说，微积分就是一种计算速度的变化速率的数学方法。物体运动时都会有各自的速度，这种速度在理想状态下是匀速的。但是，因为外界因素的影响，物体的运动速度并不总是匀速的，而是有变化的。截取运动中某一个极短的瞬间，测量物体在这一时间内移动的距离，用距离除以时间，就能得到物体在这一瞬间的速度。同理，便可得到这一瞬间前后的各自的速度。比较不同时间点的速度大小，就能得出速度的变化率。由变量计算变率的，称为微分；由变率计算变量的，叫作积分。微分和积分互为逆运算。

微积分的出现是数学发展史上的重要里程碑。通过微积分的计算方法，一些原本颇费时间和脑力的问题就可以用更加简单的方法去解决，一些复杂的运算也变得相对简便。微积分研究的开创不仅是数学领域的重要进步，在其他科学上也有重要作用。现代理工及工程技术没有一门离得开微积分。我们读中学时学的圆的切线就是微积分思想的体现，到了大学的高等数学，微积分更是极其重要的一门课程。

微积分的发明不仅让牛顿名声大噪，也为牛顿在物理学领域的研究提供了重要帮助。牛顿在物理学方面的成就之一是在光学方面，最著名的就是他做的一架反射望远镜。这架望远镜还让他入选了英国皇家学会。

故居餐厅

后来牛顿应皇家学会的要求又做了一架望远镜。这架望远镜上的每一块金属、每一个部件的安装都经过了牛顿的检验。这架独一无二的望远镜一直被英国皇家学会珍藏至今。在还没回剑桥的那段乡下时光，牛顿曾经做过一个棱镜折射的实验。后来回到剑桥后，牛顿进一步深化了这个实验，发现了白色光线折射的规律，为后来光谱学的创立开辟了道路。并且，牛顿还提出了光的“微粒说”，认为光的本质是微粒。这一假说虽然在现代科学看来并不完善，但为“光的本质是什么”这一问题提供了一种新的思想。

牛顿在物理学研究上的另一个重要领域是力学。在此领域他最重要的发现就是我们最为熟悉的万有引力定律。牛顿发现万有引力的故事也可以追溯到他回乡的那段时期——牛顿和苹果树的故事。牛顿和苹果树的“偶遇”影响了后来他在这一方面的研究，经过前辈开普勒第三定律的启发，加上大量的实验和计算，牛顿最终证明了万有引力的存在，并得出了计算万有引力的公式：

$$F=G\cdot\frac{m_1m_2}{r^2}$$

F 是万有引力，G 是万有引力常数，m_1 和 m_1 分别是两个物体的质量，r 是两个物体之间的距离。这一公式是物理学的重要公式，也是每位中学生学习物理时必须学习的内容。

尽职尽责的“造币”官员

说到牛顿，我们最熟知的首先就是他和他的苹果树，以及他的一系列突出的科学发现和发明。但是很少有人知道，这样一位淡泊名利的科学家，除了那些被世人仰慕的伟大科学成就，还做过一件扭转了英国金融格局的丰功伟业。

1696 年，牛顿经他的朋友、时任英国财政大臣的蒙塔古推荐，出任造币厂督办。当时，由于英国银币的贬值，加上人们常常把完整的银币拿去外销，把残损的银币在本国照原价使用，导致英国的银币数量大幅度缩水，英国货币市场遭受重创。蒙塔古作为财政大臣，必须采取行动以解决这一事关民生的重大问题。这个时候，蒙塔古想到了他的老朋友牛顿。他知道牛顿一直对金属和合金有不小的兴趣，也知道这位年纪渐大的科学家需要有个一官半职来增加自己的收入。

通往故居的小路

造币厂督办被认为是一个高薪清闲的职位。毕竟，和钱打交道的人，听起来就感觉比较有钱。但是，牛顿却没有像前人那样干清闲的活拿丰厚的薪水，而是全心全意地为国家的货币问题出谋划策。币制问题看似简单，背后却牵涉着多方面的战略部署。银币的贬值不仅仅是因为制作银币的合金材料价值下降，也有政府的原因。国家繁重的苛捐杂税和巨大的战争费用让百姓苦不堪言，很多人就从银币边缘上削出银子，再把残缺的钱币用到市场上。这一情况异常严重，以至于当时的欧洲经济中心阿姆斯特丹银行已经拒绝使用英国银币。因此，牛顿上任后最主要的工作就是规范币制，回收所有的旧钱币，再发行新钱币。牛顿对全欧洲的货币展开了广泛的调查，吸取其他国家的经验，以求用最科学合理的方案制作钱币，保证每一枚钱币都是货真价实、价值相等的。经过三年时间，牛顿终于完成了全部的铸币任务，使英国的银币价值恢复正常，扭转了英国的金融格局。就在这一年，因为出色的工作成绩，牛顿被任命为造币厂的厂长。此后，牛顿开始在伦敦永久定居，并且一直担任造币厂厂长的职务。

醉心神学的晚年生活

如果把牛顿的一生进行分段的话，可以分为两个阶段。第一个阶段是前 50 年，这一阶段的牛顿可以概括为“献身科学的伟人”；第二个阶段是后 35 年，这一阶段的牛顿可以概括为“醉心神学的教徒”。牛顿这样一个科学巨人，陪伴在他身边的除了科学，也就只剩下宗教了。50 岁以前的牛顿几乎把自己的全部时间和精力都投入在科学研究上。从伍尔索普的简单手工到剑桥大学的复杂公式，牛顿就像一个理智的领路人，专心致志心无旁骛地探索着科学的奥义。但到了 50 岁以后，牛顿就仿佛变了个人：从“科学牛顿”变成了“宗教牛顿”。

早年在剑桥大学三一学院的时候，因为学院规定教员不能结婚，再加上牛顿把全部精力都放在了科研上，所以并没有异性能够进入牛顿的生活。而到了晚年，性格孤僻的牛顿更是找不到一个能够理解自己的知心伴侣。晚年的牛顿身体状况逐渐变差，时常受到病痛的困扰。由于身体每况愈下，牛顿的性格和脾气更加令人捉摸不透。

工作的辛劳和无人倾诉衷肠的苦闷，使得牛顿在晚年把宗教神学视为精神寄托。其实，牛顿对宗教的信仰可以追溯到幼年时期。牛顿的家人们都是虔诚的基督教徒，母亲和外祖母都希望他在大学毕业后能做一个牧师。尽管最后牛顿并没有完成家人的愿望，但他的内心还是对宗教有着最崇高的敬仰。

牛顿在验证地球围绕太阳运行的问题时提出，要使地球围绕太阳转，必须要有一个地球对太阳的向心加速度，还有一个地球原本的速度。那么这种原始的速度是如何产生的呢？牛顿认为，如果不是神力，难以想象自然界中还会有什么力量能促使一个星球运动。从这里可以片面地反映出牛顿对神力的信仰。而他的这个想法也使得自然科学和宗教神学之间架起了一座奇妙的桥梁。在《自然哲学的数学原理》第二版的《总释》中，牛顿表达了自己对上帝和宗教的观点，认为人类所取得的一切不过是上帝的安排，上帝统治着世间万物。

牛顿的整个后半生都痴迷于炼金术的研究。甚至可以说，牛顿前半生有多痴迷科学，后半生就有多痴迷宗教。他还留下了一百多万字有关宗教的作品。从哲学方面看，牛顿似乎是从一个理智的唯物主义科学家变成了一个疯狂的唯心主义宗教者。不过，这也许是牛顿的一种精神寄托吧。

牛顿的一生是传奇的一生、不平凡的一生，爱因斯坦曾经这样评价他："想起他（牛顿），就会想起他的著作。因为像他这样一个人，只有把他看作是寻求永恒真理的斗士，才能理解他……"①牛顿的一生不仅留下了各种科学发现，也证明了一个人能有多大的潜力。牛顿在科学界的成就得到了全世界的认可，但牛顿自己却说："……对我自己而言，我是一个似乎只喜欢在海边玩耍的男孩，在那里或者这里寻找着那些光滑而又美丽的鹅卵石或是漂亮的海贝壳，但我却全然不知身边的那博大

① 武辛伯幼．牛顿传[M]．任荣，译．北京：科学普及出版社，1979：102.

故居内附属建筑

精深而又孕育着真理的大海。”[①]实际上，他不仅展现出了一个科学家的一生，也让我们看到一个“多栖发展”的人民公仆。晚年出任造币厂厂长的牛顿用自己所掌握的科学知识解决了国家的民生问题。他的政绩得到了国家和人民的赞许。无论是作为大学教授还是政府官员，牛顿都交出了令人满意的答卷。

尽管晚年的牛顿沉迷于神学，几乎为此放弃了前半生的一切，但无论“科学牛顿”还是“宗教牛顿”，他的一生都在为自己的事业而奋斗。有的人认为他是普通人难以望其项背的天才，拥有独特而出众的天赋，但他自己却非常谦逊；有的人认为晚年研究神学的牛顿践踏了科学的理性，看不起他在宗教方面做的研究。但无论如何，我们都无法忽视牛顿在科学方面做出的巨大贡献。或许牛顿墓碑上的这段话可以最客观地为

① 戈登茨坦．转化医学的艺术：拉斯克医学奖及获奖感言［M］．时占祥，曾凡一，译．上海：上海科学技术出版社，2013：196．

我们总结这位伟大的科学家的一生：

艾萨克·牛顿爵士
安葬在这里。
他以超乎常人的智力，
第一个证明了行星的运动与形状，
彗星的轨道与海洋的潮汐。
他孜孜不倦地研究
光线的各种不同的折射角，
颜色所产生的种种性质。
对于自然、历史和《圣经》，
他是一个勤勉、敏锐而忠实的诠释者。
他以自己的哲学证明了上帝的庄严，
并在他的举止中表现了福音的纯朴。
让人类欢呼
曾经存在过这样一位
伟大的人类之光。

（撰稿：张亦芹）

参考文献

戈登茨坦. 转化医学的艺术：拉斯克医学奖及获奖感言 [M]. 时占祥，曾凡一，译. 上海：上海科学技术出版社，2013.

格雷克. 牛顿传 [M]. 梵栩静，吴铮，译. 北京：高等教育出版社，2004.

科斯明斯基，列维茨基主编. 十七世纪英国资产阶级革命（上）[M]. 何清，译. 北京：商务印书馆，1990.

柯瓦雷. 牛顿研究 [M]. 张卜天，译. 北京：商务印书馆，2016.

武辛伯幼. 牛顿传 [M]. 任荣，译. 北京：科学普及出版社，1979.

法拉第

在伦敦西南部的萨里郡，蜿蜒的泰晤士河流经这个小镇，传统的英式建筑散发出历史的气息，在联排的建筑里有一家不大不小的面包店，来来往往的食客们或许知道发电机和电动机的发明者迈克尔·法拉第，却不知道这里就是法拉第出生的地方。装修温馨的面包店已没有了往日的破败，让人想象不出这里曾经是法拉第的父亲詹姆斯·法拉第的铁匠铺。迈克尔·法拉第在这里出生和成长，度过了短暂的童年时光。而后，迫于生活的压力，5岁的法拉第跟随父母搬到伦敦城里的曼彻斯特广场附近。在繁华热闹的伦敦城，法拉第一家人挤在小巷的一间屋子里，木质结构的房子总是吱呀作响，破旧的地板也挡不住楼下马厩的马粪味和皮革味。在这狭小的空间里，法拉第度过了9年时光，直到14岁，法拉第被订书铺的里波先生收为学徒，才离开这摇晃的木屋。

或许命运早已注定这位铁匠的儿子将拥有不平凡的一生，在装订书刊报纸的工作中，法拉第一边养活自己，一边努力地从各种各样的书籍中自学科学知识。他梦想着有一天能够进入皇家研究院，从事科学研究工作。从订书铺到伦敦皇家研究院的距离并不远，但是要想从一名订书匠成为皇家研究院的研究员似乎是天方夜谭。法拉第是幸运的，他在订书铺遇到了改变他一生的贵人，皇家研究院的当斯先生为法拉第提供了进入皇家研究院的机会，戴维教授则把法拉第带入了皇家研究院的大门。从戴维教授的实验助手到受人尊崇的科学家，在皇家研究院的几十年里，法拉第始终保持着对科学的热忱，无问荣誉与金钱，一心埋头于研究。

法拉第在一次演讲中曾说过这样一段话："自然哲学家应当是这样一种人：他愿意倾听每一种意见，却下定决心要自己作出判断。他应当不被表面现象所迷惑，不对某一种假设有偏爱，不属于任何学派，在学术上不盲从大师。他应该重事不重人。真理应当是他的首要目标。如果有了这些品质，再加上勤勉，那么他确实可以有希望走进自然的圣殿。"① 这是法拉第毕生的目标，也是对法拉第科研生涯的最好描述。皇家研究院实验室的实验器材是法拉第最忠实的朋友，它们日日夜夜地陪伴着法拉第进行一个又一个实验，陪伴着他一步步地迈向真理。1816 年，法拉第发表了第一篇科学论文；1821 年，他发明了世界上第一台电动机；1823 年，他发现了氯气和其他气体的液化方法；1831 年，他发现电磁感应和磁电感应，发明了世界上第一台发电机；1837 年，他提出电场和磁场的理论。这些研究成果足以证明法拉第几十年如一日的不懈努力，以及他对科学界乃至人类发展的重大贡献。

成长岁月

18 世纪后期的英国迎来了蒸汽机时代，资产阶级不断发展壮大，而劳动人民的生活依然贫困。1791 年 9 月 22 日，迈克尔·法拉第的出生让铁匠詹姆斯·法拉第一家的生活状况雪上加霜。铁匠已经拥有一儿

① 秦关根. 法拉第[M]. 北京：中国青年出版社，2010：285-286.

一女，第三张嘴的到来加重了这个家的负担。法拉第一家随后搬到了繁华的伦敦城里，在曼彻斯特广场附近的小巷里租了几间房，希望在这里铁匠铺的生意能够好起来，一家人的生活也能出现转机。法拉第的父母每日辛勤工作才可以勉强度日，可是伦敦的天气太潮湿，他们居住的木质结构房屋四面透风，加之日夜抡锤打铁，詹姆斯·法拉第最终病倒了，不得不将铁匠铺盘给别人。法拉第一家失去了经济收入，只能靠救济金度日。

虽然法拉第一家十分贫穷，但是詹姆斯·法拉第十分注重孩子的教育。小法拉第8岁的时候，被送到学校里去学习。法拉第的学校生活并不顺利，因为出身乡下，说话带着浓重的乡下口音，经常被老师惩罚和同学嘲笑。后来，法拉第转到了学费更便宜的公立学校。法拉第十分珍惜学习的机会，认真完成作业，每次考试都取得很好的成绩。穷人的孩子早当家，小小年纪的法拉第格外懂事，在课余时间就帮着妈妈照看妹妹和做家务。法拉第到了13岁，就离开学校去当学徒了。法拉第的哥哥也按照传统，继承了爸爸的事业去铁匠铺当学徒。爸爸深知当铁匠的辛苦，不愿意再让小儿子去当铁匠，就把法拉第送去了订书铺当学徒。当时的出版业并不发达，书籍和报纸的数量很少，一本书或者一份报纸通常是一家看完了再送到另一家。订书铺主要负责递送书籍报纸，重新装订损坏的书籍。法拉第作为一名订书铺的学徒，每日奔走在伦敦城里送报送书，风里来雨里去，虽然十分辛苦，但是可以获得微薄的收入来补贴家用。

成日与书报打交道，使得法拉第有许多机会接触知识，弥补了不能继续上学的遗憾。只接受过小学教育的法拉第已经表现出对自然科学的极大兴趣，在送报的途中，他曾用自己的身体做实验来研究一棵树的位置问题，甚至因此撞破了自己的鼻子。法拉第踏实认真的工作态度以及对知识的渴望打动了订书铺老板里波先生，经过为期一年的试用，他正式成为一名订书学徒，只要学满七年便可出师，独自打理订书铺。法拉第离开了父母，搬到里波先生订书铺的阁楼里居住，拥有了自己的房间，

法拉第故居（英国伦敦）

每天闻着纸张和油墨的味道入睡。法拉第识字不多，可是他十分热爱读书，碰到什么书就读什么书。从《圣经》到《一千零一夜》，再到《莎士比亚戏剧全集》，法拉第像是一棵树苗移入了肥沃的土壤，贪婪地汲取着每一分养分。与此同时，法拉第工作也很卖力，很快就学会了装订书籍的手艺，水平可以赶上专业的师傅。法拉第的聪慧和勤恳感动了里波先生，在里波先生的支持下，法拉第利用一切空闲时间阅读各个领域的书籍。

有一次，法拉第读到了玛西特夫人的《化学漫谈》，深深地迷恋上了书中讲述的化学实验。在毛皮上摩擦过的玻璃棒可以吸附碎纸屑，把两种特定的气体混合在一起可以发生爆炸。这些神奇的实验让法拉第不能自拔，他开始攒钱买实验仪器，或是去捡废弃的玻璃瓶子，尝试着自己做实验。在订书铺的阁楼上，法拉第按照书中的讲述成功地完成了制造“闪电”的电学实验。这让法拉第兴奋不已。在一次次实验中，法拉第体会到了科学的魅力。当然这也引来周围人的非议，大家都认为法拉第着了魔，整日摆弄火是要闯祸的。可是，法拉第一直坚持进行科学实验，还向里波先生展示自己的实验成果。里波先生明白，法拉第是真的在进行科学研究，是真的热爱科学。法拉第是个不平凡的孩子。

故居一隅

白天，法拉第订书送书，到了晚上，就待在阁楼里如痴如醉地做实验，法拉第就这样度过了五年的学徒生活。1810 年初，法拉第在送报的途中看到了一张布告，塔特姆先生将举行自然哲学演讲，一次收费一先令。这个消息激起了法拉第的兴趣，可是法拉第囊中羞涩，根本没有钱去听演讲。他的哥哥罗伯特知道弟弟因为经济拮据不能去听自己最渴望的演讲，立马给了法拉第几个先令。罗伯特知道，弟弟是那么地热爱科学研究，去听讲座是让弟弟最开心的事情。在哥哥的支持下，从 1810 年到 1811 年，法拉第听了十几次塔特姆先生的讲座，整理了厚厚的一本笔记，并且装订成册。这不仅是一本普通的笔记，更是法拉第能够进入皇家研究院的敲门砖。

逐梦之路

在里波先生的订书铺，法拉第结识了皇家研究院的当斯先生，这是法拉第遇到的第一个贵人。当斯先生看到法拉第制作精美、记录详尽的塔特姆先生的讲座笔记，以及法拉第询问问题时那渴望知识的眼神时，他明白了这个年轻人内心对自然科学炽热的爱。当斯先生邀请法拉第去皇家研究院听戴维教授的化学讲座，赠与了法拉第四张入场券。戴维教授是皇家研究院的一位传奇人物，与法拉第的经历相似，他出身贫寒，十几岁的时候父亲就去世了，由母亲一个人抚养长大。戴维聪慧过人，虽然做了药剂师学徒，但通过自学掌握了各类科学知识。戴维在化学和物理学方面都有突出的成就，虽然没有接受过贵族教育，但凭着惊人的才华，23 岁就被任命为皇家研究院的教授，25 岁就当选为皇家学会成员。

能够去听戴维教授的讲座，这让法拉第激动坏了。法拉第穿上最体面的衣服，早早地就到皇家研究院的门口等候。每一次讲座都进一步坚定了法拉第的决心，成为一名科学家才是他的梦想。法拉第在内心呼喊着：订书匠绝不是我一生的归宿，我要去皇家研究院工作！在那个贵族掌握知识和权力的时代，法拉第作为一个铁匠的儿子，一个没有学历的订书匠，如何才能进入皇家研究院，成为一名科学家呢？

从订书铺到皇家研究院，从订书匠到科学家，这条路法拉第走得艰辛却又顽强。1812 年，法拉第七年师满，从订书学徒成为独当一面的订书匠，于是他离开了里波先生的铺子，应聘到德拉罗舍先生的订书铺工作。但是，法拉第明白，只要他还一直做订书匠的工作，就没有办法全身心地投入科学研究，没办法了解最前沿的科学问题。为了成为一名真正的科学家，法拉第主动给戴维教授写信，恳求戴维教授帮助自己进入皇家研究院，还在信中附上自己整理并装订好的戴维教授的讲演录笔记。法拉第把全部希望寄托在戴维教授身上，而戴维教授也从那本厚厚的讲演录笔记中看到了法拉第的才智、坚毅和赤诚。被感动的戴维教授想起了自己的经历，生活贫穷，地位低微，没有接受过系统的教育，不甘心只做一名普通的学徒或是师傅，最终凭着自己的努力走上科研的道路。他怎么能不给这位年轻人一次机会呢？

戴维教授立马向皇家研究院的理事申请，请求录用法拉第到皇家研究院工作。不久之后，法拉第到皇家研究院帮忙，负责帮助戴维教授整理手稿。后来，戴维教授的实验室助手因和人打架，被解雇了，法拉第终于有机会正式进入皇家研究院工作，成为戴维教授的助手，一周25先令的报酬，加上顶楼的两间房供他居住。1813年，22岁的法拉第离开了订书铺，迈进了科学殿堂的大门。这对法拉第来说是一个全新的开始。

成为戴维教授的助手后不久，法拉第跟随戴维教授开启了欧洲游学之旅。游学是当时的贵族青年的必修课，而戴维教授青年时代生活贫困，没有机会去游学，所以希望去欧洲游学来弥补以前未受过的教育，同时可以和欧洲的科学家进行交流。戴维教授邀请了法拉第共同去游学，这对法拉第来说是难得的好机会。他们携带着化学实验仪器开始了欧洲之旅。一路上，法拉第见识到了许多新奇的事物，他细心观察、认真思考，把途中的见闻详尽地记录在日记中。在法国，他看到了法国猪、发光的虫子，参观了巴黎的卢浮宫，见到了法兰西第一帝国皇帝拿破仑。这一切让法拉第大开眼界。

在巴黎，安培教授和另外的两位法国科学家拜访了戴维教授，他们带来了一种神秘的物质。这种物质呈黑紫色，亮晶晶的，并且能够释放出气体。在法拉第的帮助下，戴维教授开始研究这种神秘的物质。这种物质释放出的气体具有氯气性质，这气体是其自身固体的蒸汽，因而这一神秘物质与氯是同一类的元素。通过电解实验的测试，戴维教授和法拉第确定这一物质是单质的，并且是一种新的元素，他们把这一新元素命名为“碘”。新元素的发现对法拉第来说是很大的激励，这是他第一次参与发现一种全新的物质，这使法拉第认识到科学中还有许多未知的领域有待探索，召唤着法拉第继续前进。随后，法拉第跟随戴维教授离开了巴黎，去往蒙彼利埃，然后途经尼斯，穿越阿尔卑斯山，到达意大利的都灵，又前往热内亚。在热内亚，他们从地中海里捉来电鳗，测试动物身上的电，试图用动物身上的电使水电解，但是电鳗的电量太微弱了，实验失败了。

而后，戴维教授和法拉第来到了古城佛罗伦萨。他们参观了伽利略创立的科学院，以及伽利略发明的望远镜。他们用凸透镜来做实验：用凸透镜对着太阳，太阳通过镜面会聚集成一个焦点，可以把放在焦点

故居外景

上的物品点燃。戴维教授试着用凸透镜点燃放置在玻璃罩里的金刚钻，金刚钻燃烧起来，最后化为乌有，同时玻璃罩里的氧气变成了二氧化碳。戴维教授和法拉第惊喜地发现，金刚钻就是碳。后来，他们到了那不勒斯的维苏威火山，在滚烫的火山岩石上煮鸡蛋。接着，他们又去了瑞士和德国。一路上，戴维教授和法拉第一边欣赏各国美丽的风景，一边做实验，他们分析了沼气的构成，研究碘的化合物和古罗马的颜料成分，收获颇丰。戴维教授和法拉第游历到罗马的时候，正值拿破仑退位后东山再起，向罗马进军，他们不得不提前结束了行程，回到了英国皇家研究院。

回到皇家研究院后，法拉第凭借两年的游学经历，不仅继续担任戴维教授的实验室助手，还成为独立的研究人员，可以独自做实验。法拉第凭借自己的能力，正式成为一名皇家研究院的科研员。

浪漫爱情

一心扑在工作上的法拉第，直到 29 岁还孤身一人。他认为爱情会摧毁人的意志，使人屈从，变成糊涂虫，决心当一辈子的单身汉。在法拉第的笔记本里，他曾写下这样一首关于爱情的诗：

是什么传染病，

是什么晦气星，
给人带来了妻？
——那是爱情。

什么力量能摧毁人的坚强意志？
什么东西能欺瞒人的善良良知？
什么东西乔装打扮悄悄来，
转瞬间把聪明人变成糊涂人？
——那是爱情。

什么力量把朋友变成敌人？
什么东西只应允不兑现，
连最聪慧的头脑也测不出它的深浅，
它来到世上只为了叫人屈从？
——那是爱情。

什么东西指导疯子的狂热行动，
连笨蛋也学会他的模样？
什么东西聪明人避讳惧恐，
可是到头来它仍旧在世上驰骋？
——那是爱情。①

法拉第谴责爱情带来的种种坏处，决定远离爱情，可是爱神丘比特未曾忘记他。法拉第是位虔诚的桑德曼教会的信徒，从小就每周去教堂做礼拜。在教堂，法拉第结识了巴纳德一家。巴纳德是教会的长老，有两个儿子和三个女儿。法拉第和巴纳德的大儿子爱德华关系很好。有一

① 康运海. 法拉第 [M]. 北京：中国少年儿童出版社，2003：106-107.

次，法拉第向爱德华展示了自己的笔记本，爱德华无意中看到了那首关于爱情的诗，这使爱德华十分惊奇。回到家，爱德华把法拉第写的爱情诗告诉了他 20 岁的妹妹萨拉，萨拉对法拉第产生深刻的印象。每当爱德华谈论起法拉第，萨拉就十分认真地聆听。爱德华发现了妹妹萨拉的小心思，萨拉喜欢法拉第。那法拉第呢？法拉第对于萨拉这位文静温柔的姑娘并不抗拒，每当看到萨拉总觉得心里暖暖的，但他不愿承认自己违背了之前下定的决心。

有一次，法拉第到巴纳德家做客，萨拉直接向法拉第提出，要看看他笔记本里关于爱情的那首诗。法拉第十分难为情，便搪塞了过去，随后在笔记本中又写了一首表示悔过的诗，并拿给了萨拉看。萨拉看到这首悔过的诗，十分惊喜，她明白法拉第是渴望爱情的。1820 年 7 月，法拉第知道自己已经深深爱上了萨拉，就直接给萨拉写了一封求爱的信。萨拉把法拉第的求爱信拿给父亲巴纳德看，请求父亲的同意。巴纳德担心一心热爱科学的法拉第只是一时冲动，并没有那么喜欢萨拉。随后，萨拉暂时搁置了这件事，跟随着姐妹去了拉姆斯盖特。法拉第得知后，立马追随萨拉去了拉姆斯盖特。法拉第的执着和专情打动了萨拉，两个人在拉姆斯盖特度过了一段美好的时光，他们敞开心扉，谈论工作、生活和未来。

最终，萨拉答应了法拉第的求爱，决定走入婚姻的殿堂。法拉第随即向皇家研究院申请，把婚后的家安在皇家研究院的楼上。1821 年 5 月，法拉第被提拔为皇家研究院的事务主任，可以携带家眷住在皇家研究院。6 月，法拉第和萨拉在教堂举行了一场温馨的婚礼，美丽的萨拉成为法拉第的妻子，当初那个声讨爱情的法拉第开始了幸福的婚姻生活。对法拉第而言，温柔又贤惠的萨拉是他工作和生活的坚强后盾，是他的灵魂伴侣。她能够理解法拉第的工作，并默默地支持他。在皇家研究院楼上的两间房子里，萨拉陪伴着法拉第度过了漫长的岁月，直到他逝世。虽然二人并没有孩子，但是，法拉第毫不吝啬地把自己的知识传授给他的每一位学生，把学生们当作自己的孩子看待。

初有成就

在“电”正式被定义前，人们已经发现了电这种现象。在遥远的古希腊，泰勒斯发现琥珀和毛皮摩擦后会吸附一些绒毛，绒毛也会竖起来。到了 16 世纪，英国女王伊丽莎白一世的御医吉尔伯特把这种现象称为“电”。18 世纪以来，人们开始对电进行详细的研究，法国物理学家迪费、美国科学家富兰克林、意大利解剖学家伽伐尼和伏打等都对电进行了研究，有了一些新的发现。到了法拉第所在的时代，丹麦的物理学家奥斯特发现了电与磁之间有联系。奥斯特将导线的一端与电池的正极相连，并将磁针与导线交叉垂直形成直角，然后将导线的另一端与电池的负极相连，磁针纹丝不动。按照这样的实验方法，奥斯特试验了无数次，电和磁之间的联系始终得不到证实。在一次试验中，奥斯特突发奇想地把磁针与导线平衡摆放，接通电源后，磁针发生了转动。就这样，奥斯特终于发现了电流与磁之间的关系，即磁针受到电流的作用，围绕着电流指向发生变化，这种变化完全取决于电流。由此，奥斯特发现的电流磁效应为电磁学大发展揭开了新纪元，后继的科学家们在此基础上进行了更深入的探索。

英国皇家研究院（英国伦敦）

1821 年，在戴维教授的引导下，法拉第开始专心地研究电与磁的关系。法拉第先把所有关于电与磁的研究著作详细研读了一遍，然后撰写了《电磁研究的历史概况》，推进了电磁研究的进展。与此同时，皇家研究院的理事沃拉斯顿教授邀请法拉第帮忙进行实验，观察磁针放在通电导线旁是否可以自己旋转。法拉第把奥斯特和沃拉斯顿教授的实验结合在一起思考，发现磁针绕着通电导线转，而通电导线也在绕着磁针转。在想清楚了电和磁的关系之后，法拉第又通过各种实验方法最终证实了他的设想。他在一个玻璃缸里铺上水银，使磁铁立在缸中只露出一极，再将穿过软木的导线放在水银里，导线一接上电，浮在水银上的软木就绕着磁铁转动起来。这个实验虽然粗糙，却证明了电与磁的相互关系，是电磁学的一个重大突破。就此，法拉第发明了世界上第一台电动机。

随后，法拉第把实验过程和结果详细地写成论文，并寄给了杂志社发表，向世界公布了自己的发现。但是，法拉第犯了一个小小的错误，在这篇论文中，他没有提到沃拉斯顿教授的实验。论文发表后，科学界的学者们纷纷质疑法拉第品行不端，剽窃他人研究成果，并且完全不理会法拉第的解释。事实上，法拉第的实验与沃拉斯顿教授的实验有很大的不同，他向了解沃拉斯顿教授实验的戴维教授求助，希望戴维教授能够站出来说句公道话，戴维教授却不予理睬。亦师亦友的戴维教授慧眼识才，把法拉第带入了皇家研究院，改变了法拉第的人生。法拉第也十分敬爱、崇拜和感激戴维教授。可是，法拉第锋芒毕露，进入皇家研究院没多久就显示出惊人的才华。一个没有名望的研究员的成果超过了蜚声学术界的教授，这引起了戴维教授强烈的嫉妒。当然，法拉第也感觉到了戴维教授对他态度的变化，他也不再把戴维教授当作自己的偶像。所幸沃拉斯顿教授并不在意人们对于法拉第的论文的质疑，他没有误会法拉第，并且十分看好这个年轻人。

这场“剽窃”纠纷案对法拉第的内心造成了不小的打击，但是他始终没有放弃对电磁学的研究。之后，法拉第继续进行电磁实验来追求真理，他以地球为磁场让通电的导线转动起来，调换通电导线的正负极，通电导线又反方向转动起来。法拉第立马把实验结果写成论文，并且论述了与沃拉斯顿教授实验的不同。所谓的“剽窃”之说随着法拉第提出更多的科研成果烟消云散了。这起“剽窃”风波对法拉第来说是挫折也是激励，促使他在电磁学研究上寻求更大的突破。

法拉第不仅专注于物理学，在化学领域也进行了很多实验。在发明电动机和发电机之间，也就是1821年至1831年，法拉第花费了大约10年的时间来研究化学问题，一方面是其兴趣所在，一方面是受戴维教授的影响。法拉第和戴维教授的关系自“剽窃”案起逐渐恶化，对氯气的研究最终导致了二人的决裂。

戴维教授在化学元素研究方面贡献很大，他常常用电流分解化合物来分离出元素。通过这种实验，戴维教授分析了石灰和氯气，并且认为化合物内各元素之间的化学亲和力是一种电引力。戴维教授对氯气的研究有重大的突破，他认为氯气不能进一步分解，因而它是一种元素。氯气在化学元素中性质十分活跃，通过冷却可以变成固体，但是这种固体是氯和水的化合物，氯气凝结的关键就在于是否有水的参与。受戴维教授的影响，法拉第对氯气也十分感兴趣。1820年，法拉第制造出了六氯乙烷和四氯乙炔两种碳的氯化物。但是，对法拉第来说这并不是氯气研究的关键，法拉第始终坚信原子论。原子论最初由古希腊的德谟克利特提出，到了近代，科学原子论之父道尔顿认为任何物质只要提高温度，减小压力，就能使其原子之间的距离增大，从而变成气体。因而在原子论的基础上，法拉第认为同一物质的气体形态、固体形态和液体形态可以相互转化。

1823年，法拉第对戴维教授的氯气研究结果进行了分析，来进一步研究氯的晶体。戴维教授在得知法拉第的研究项目后，向法拉第建议尝试把氯的晶体放在密封试管里加热看看会发生什么。法拉第按照戴维教授的建议进行了试验，氯晶体在密封的试管里受到加热后产生了氯气，意外的是，试管壁上还附着了黄色的油斑。这不可能是没刷干净试管导致的，因为法拉第是一个对实验一丝不苟的人，做了十几年的实验从未发生过这种现象。那么这附着在试管壁上的黄色油斑究竟是什么呢？法

英国女王伊丽莎白二世亲自为法拉第博物馆开幕

拉第把加热后的试管冷却了一会儿，用工具在有黄色油斑的试管外壁划了两下，他把被划过的试管拿起来轻轻一敲，试管就断裂成了两部分，刺鼻的氯气飘散出来，呛得法拉第剧烈地咳嗽起来。法拉第拿起断裂的试管一看，黄色的油斑竟然消失了，这更加引起了法拉第的好奇。法拉第又重新做了一遍实验，发现黄色油斑竟然是液态的氯！因为放在密封试管的氯气被加热后，压强变大，被加热的试管的一头是热的，而没被加热的试管的一头是冷的。在高压和低温的共同作用下，氯从气态变成了液态。

与此同时，戴维教授在得知法拉第的实验发现黄色油斑后，也思考出了其中的缘由。第二天，戴维教授找到法拉第向他解释了气态氯变成液态氯的原因，并要求他进行其他气体液化的实验。虽然法拉第早已弄清楚了，还是按照戴维教授的吩咐做了实验。之后，法拉第立马把实验结果写成论文。但是，当时的法拉第只是戴维教授的助手，论文只有经过教授的修改和同意才能在皇家研究院的论坛上宣读。法拉第也一直尊重戴维教授对其论文的修改。可是这一次，戴维教授在法拉第的论文中增加了内容，强调法拉第是在他的指导下发现的液态氯，这一功劳归戴维教授所有，法拉第只不过是一个执行者。当法拉第站在皇家研究院宣讲会上宣读论文时，他心里已经对戴维教授彻底失望，他要反抗戴维教授的压制。

博物馆内法拉第雕像

戴维教授对法拉第的伤害远不止这些。1823 年 3 月，戴维教授宣讲了一篇关于电磁学的论文，随后被报道在了杂志上。这篇论文只提到了沃拉斯顿教授的实验，完全不提法拉第的实验。戴维教授看到报道后觉得确实不太恰当，就在后一期杂志上发表了更正启事。但是，人们联想起两年前的“剽窃”案，顿时谣言四起。法拉第的朋友们认为戴维教授先是故意重提“剽窃”风波，然后再帮法拉第辩解，给公众留下公正无私的好印象，否则两年前戴维教授就不会不帮法拉第说话，而是选择沉默。因此，法拉第的朋友们，包括沃拉斯顿教授，绕过皇家研究院的会长戴维教授，联名提议推选法拉第为皇家研究院会员的候选人，来帮助法拉第获得应有的学术地位。这一举动激怒了戴维教授，他要求撤回提议。这一次，法拉第没有继续默默忍受戴维教授的行为，他马上发表了两篇论文，分别论述了电磁转动问题和氯气液化问题，把真相公之于众，证明了自己的清白。

法拉第和戴维教授亦师亦友的十年情谊，因为两次学术风波彻底终结了。对于法拉第来说，戴维教授是他人生中的伯乐，倘若没有戴维教授，法拉第现在或许还是一个订书匠。法拉第始终怀着对戴维教授的感激之情，才能一直服从和尊重他的做法。然而，戴维教授因为嫉妒心而打压法拉第，完全没有一位备受尊敬的科学家应有的风度。法拉第和戴维教授之间的关系就此陷入僵局，直到 1825 年，戴维教授意识到了自己的错误，主动提名法拉第为皇家研究院的实验室主任，这对师徒的关系才得以缓和。

科学贡献

发明电动机后，法拉第将主要精力放在了化学领域，其间也断断续续地进行电磁学实验。法拉第认为，电与磁之间的影响是相互的，通过奥斯特的实验可知电流产生磁场让磁针偏转，那么，磁应该也能产生电流。可这要怎么证明呢？法拉第尝试了四种方法都失败了，但是他并不气馁，一直坚信自己的设想。直到1831年，法拉第初步通过实验证明了磁生电。

这个实验就是著名的“伏打电感应”实验,也就是“电磁感应”实验。之所以叫伏打电，是因为当时的人们认为摩擦引起的电叫摩擦电，而伏打电池产生的电叫伏打电。当今使用的变压器就是根据伏打电感应制造出来的，这个实验的成功也证明电与磁之间确实存着一种新关系。但是法拉第对这个实验并不满意，他尝试着从仪器、条件等方面的改变来进一步实验。在实验中，法拉第发现电流产生磁的变化，磁的变化引起电磁感应。在此实验的基础上，法拉第提出用磁铁使磁发生变化，进而引起电磁感应，这样就能把磁转变成电。这让法拉第恍然大悟，磁生电的梦想一直根植于法拉第的心里，经过多年的研究，法拉第一步步地实现了这个梦想。

上述实验给法拉第带来了灵感，紧接着他进行了第三种实验，成功地证实了磁生电的设想，并把这种感应命名为电磁感应。法拉第对于科学研究极其严谨和认真，他觉得这一实验还存在缺陷，即这种磁生电的方法不像伏打电池那样具有稳定性，不能产生稳定的电流，相较于伏打电池并没有多大的改良。于是法拉第又进一步尝试优化实验，他借鉴法国物理学家阿拉哥的圆盘实验,创造出了产生源源不断电流的实验模型,这就是最初的发电机。

1831年10月28日，是个值得纪念的日子，法拉第发明了世界上第一台发电机。发电机的诞生意味着电可以进入到每一个家庭，可以传输到每一个角落。这一发明改变了整个世界，推动了人类文明的发展，电气时代真正地到来了。从电生磁到磁生电再到发电机，法拉第坚持不懈的探索与努力使电磁学发展踏入新纪元。之后，法拉第也一直努力研究电磁学中的种种新问题，并把自己的研究成果写成了三卷本的《电学实验研究》，对后世的学者们产生了巨大的影响。

在法拉第的时代，牛顿力学是自然科学界的权威，科学家们盲目地把牛顿力学奉为绝对真理。法国物理学家库仑在1785年发现了库仑定律，以此把电学纳入牛顿力学的轨道。库仑定律是指真空中两个静止的电荷之间的相互作用力与这两个电荷所带电量的乘积成正比，和它们距离的平方成反比，作用力的方向沿着这两个点电荷的连线，同名电荷相斥，异名电荷相吸。库仑定律强烈地体现出牛顿力学派的理想，即宇宙间的一切力都归结为粒子之间的超距作用力,每一种力从属于一种物质。不久后,法国的物理学家比奥和萨伐尔提出了比奥－萨伐尔定律。而后，安培又提出分子电流的假说，把磁的研究也纳入了牛顿力学。为了解释磁极永远成对、不可分离的现象，他假设物体的每个分子为一根磁棒，电流方向和磁棒南北极指向的关系由右手螺旋定则确定。一般的物质，分子电流的方向是杂乱的，它们的磁性互相抵消，因而显现不出磁性。但是，磁铁的分子电流有序排列，它们的磁性并不抵消，从而显现出磁性来。所以，磁性是从电流来的，磁与电的相互作用也就是电流之间的作用力，也就是说，两个平行的电流元，方向相同的时候相互吸引，方向相反的时候相互排斥。这样，电和磁的研究都遵循牛顿力学，牛顿力学成为自然科学的普适性定律。但是，有不少具有批判精神和反思意识的科学家并不迷信牛顿力学，并试图挑战牛顿力学的权威性。

1820年，奥斯特发现通电导线能使磁针偏转的电流磁效应，电和磁之间的关系被发现，也就是说，并不是每一种力从属于一种物质，牛顿派的思想受到了反驳。同时，沃拉斯顿教授反对安培的主张，安培把磁归结为电流元之间的相互作用，而两个平行电流元之间的作用力是沿着它们的连线的，是一种所谓的“中心力”。奥斯特和法拉第发现的电磁转动中的磁力却是“圆周力”。安培认为“圆周力”是“中心力”合成的，沃拉斯顿则认为“中心力”是“圆周力”合成的。法拉第如何看待这个论争呢？

法拉第在1821年发现电磁转动以前，坚定地相信牛顿和安培的观点。但是，在发现电磁转动之后，法拉第在“牛顿－安培派”和“反牛顿－安培派”之间徘徊了十年的时间，他有时支持沃拉斯顿的观点，有时又支持安培的观点。直到1831年，法拉第发现了电磁感应，而牛顿和安培的力学观点不能解释电磁感应现象。牛顿认为，空间里只有粒子，没有粒子的地方是真空的。但是，法拉第认为空间不是牛顿所认为的那样。法拉第通过实验来证实他的想法。他在一根磁棒周围撒一把铁屑，铁屑因为被磁化而在磁棒周围形成一条条的曲线，曲线指示出磁力的方向。法拉第称这些曲线为“力线”，磁棒周围的空间存在着力线，力线表现出磁力的方向和大小。以实实在在的力线为基础，法拉第解释了电磁感应现象的原理。在电磁感应实验中，导线在两个磁极中间运

法拉第实验室

动，并且产生了感应电流。如果两个磁极之间是牛顿所说的真空，那么导线就不可能具有感应电流，所以，两个磁极之间的空间虽然没有粒子但不是真空的。法拉第认为，两个磁极之间的空间充满了力线，导线在磁极之间运动切断了力线，所以会产生电流。力线不只存在于磁铁周围的空间，也存在于电流周围的空间。法拉第把指示磁力方向的力线命名为磁力线，把充满磁力线的空间叫磁场。场的思想就这样诞生了。而后法拉第又从磁力线和磁场推及电力线和电场，用场的思想来思考电学问题。

实验室展品

当然，牛顿学派对法拉第场的思想也提出了质疑，他们认为场的思想并不是什么新思想，并没有脱离牛顿力学的框架，而且场是虚构的。法拉第的场论虽然不完善，但是与牛顿力学有本质的区别，它打破了牛顿力学的超距作用力理论。法拉第的场论是实在的，牛顿力学的场反而是虚构的；法拉第的场中的力线可以通过实验显现出来，牛顿力学的场最终是超距作用力，不是一种场。至此，法拉第的观点已经明确了，他选择了与牛顿力学相背离的思想来探索和研究自然科学。法拉第对牛顿思想的反叛，对科学的发展来说是突破性的，遭受质疑和反驳也在情理之中。但是，真理经得起时间的检验，科学的进步最终会给予正确的思想应有的重视。面对同行的轻蔑，法拉第反而更加努力地工作，用更多的事实来证明自己的思想。法拉第的场的理论得到后继科学家们的发展，麦克斯韦在继承法拉第思想的基础上完善了场的理论，他把库仑定律、安培定律和比奥－萨伐尔定律都统一在了场论中。在麦克斯韦时期，电磁场的理论依旧没有得到学术界的广泛认同。到了 1877 年，物理学家赫兹用实验验证了麦克斯韦的电磁场的理论，并且发现了电磁波。最终，经过麦克斯韦和赫兹的努力，场论获得了认可。40 多年后，场论终于获得了胜利，作为开创者，法拉第的作用是不可磨灭的。

法拉第既是物理学家也是化学家，对物理和化学的精通使得他能够深入地研究物质结构和电的关系。1832 年，法拉第在化学和物理学方面又做出了重大贡献。在电化学领域，已经有许多科学家在探索电、分子和化学变化的内部机制，但是没有什么突破性的进展。法拉第详细梳理了以往科学家们的实验，确定哪些是正确的，哪些是错误的。在此基础上，他提出自己的实验想法，进而找到了研究电化学规律的办法，即称量电极上析出的物质重量，把它和流过电极的电量进行比较。这样，法拉第总结出两条电解定律，这两条定律被称为法拉第电解定律。电解定律的发现奠定了电化学发展的基础，为发现原子的内部结构指明了方向。

整日高强度的工作摧残着法拉第的身体健康，1835 年，人到中年的法拉第感到疲劳头晕，进而患病；1840 年，法拉第再次病倒，感觉到头晕健忘。生病并不能阻止法拉第继续进行科学研究和传授知识，但是法拉第的记忆和思维能力确实在慢慢地退化。到了 1862 年，法拉第意识到自己已经没有办法进行科学研究了，他总是在做重复的实验，观察不到实验中的细微变化。71 岁的法拉第确实太老了，身体条件不允许他继续工作。1865 年，法拉第辞去皇家研究院的工作，告别了他一生热爱的科学研究。1865 年到 1867 年，除了一些重大的慈善活动，法拉第很少在公开场合露面，他安然地在英国女王赠予的房子里度过了生命里最后的时光。1867 年 8 月 25 日，76 岁的法拉第与世长辞，一位科学界的明星陨落了。

出身铁匠之家的法拉第从小就热爱学习，在订书铺做学徒的 7 年时间里，他大量地阅读书籍，产生了对科学实验的浓厚兴趣和成为一名科学研究员的理想。对于一名贫穷的订书匠来说，进入皇家研究院走上科研之路遥不可及，可是法拉第从没有放弃过自己的梦想，他坚持自己做实验，认真记录听过的每一场科学讲座。法拉第对科学的热爱和坚韧不拔的精神，为他打开了进入皇家研究院的大门。在订书铺的里波先生、皇家研究院的当斯先生和戴维教授的支持下，法拉第终于成为皇家研究院的一员，开始了真正的科研生涯。法拉第在皇家研究院度过了52年的时光，在这52年里，顺境也好，逆境也罢，他始终不忘初心，不追名逐利，也不贪恋金钱。他发现了电磁感应现象，创造出人类历史上的第一个发电机，勇敢地对牛顿的自然哲学提出质疑，提出了场论，并最终获得了认可。回顾法拉第的一生，可以发现，他始终踏踏实实地研究，不断地通过实验来修正和完善自然科学理论，只为能够更接近真理，只有科学真理才能使法拉第真正地开心和满足。

和法拉第同时代的大仲马曾如此评价他："我不知道是否会有一个科学家，能够像法拉第那样，遗留下许多令人惬意的成就，当作赠予后辈的遗产而不自满。他为人异常质朴，爱慕真理异常热烈，对于各项成就，满怀敬意。他不依赖别人，具有勇往直前的美德。"[①]法拉第在一次次的实验中屡试屡败，屡败屡试，他从不气馁，坚持不懈地追求真理，他的研究和发明不仅对科学界有很大的贡献，而且对人们的生活和社会发展也有深刻的影响。这些重大的成就为法拉第带来了荣誉和声望，英国皇室曾想要授予法拉第贵族爵士的封号，可是被法拉第再三拒绝了。对于法拉第来说，他只是一个普普通通的平民科学家，他要造福平民百姓。

"对法拉第来说，最不同寻常的就是他的哲学家的形象，以及通过加入哲学家共同体获得个人的拯救和心灵的安宁的希望……他所留给我的深刻印象并不是他所取得的成就，而是他为了进步所进行的奋斗，这

① 赵喜臣. 法拉第[M]. 北京：中国社会出版社，2012：179.

种奋斗虽有缺点，但也包含了令人钦佩的人文精神。”① 对约瑟夫·阿盖西来说，法拉第具有哲学家的色彩。法拉第的身上一直散发出理想的光辉，他对科学研究有着纯粹的追求。对法拉第个人而言，对科学的努力付出是其心灵的归宿，是个人价值的实现。历史的车轮不断向前滚动，在浩瀚的科学世界里，无数的科学家闪烁着耀眼的光芒，他们平凡而又伟大，平凡在于日复一日的普通工作，伟大在于强烈信念引导下不变的坚持。

（撰稿：王云端　摄影：林小莉）

参考文献

阿盖西. 法拉第传 [M]. 鲁旭东，康立伟，译. 北京：商务印书馆，2002.

康运海. 法拉第 [M]. 北京：中国少年儿童出版社，2003.

秦关根. 法拉第 [M]. 北京：中国青年出版社，2010.

赵喜臣. 法拉第 [M]. 北京：中国社会出版社，2012.

① 阿盖西. 法拉第传 [M]. 鲁旭东，康立伟，译. 北京：商务印书馆，2002：474-475.

达尔文

在伦敦东南部的肯特郡道恩村，有一座被花草树木掩映的小院，院子里有一幢洁白、简约、朴实无华的三层小楼。这便是著名生物学家达尔文的道恩故居。要到达这里并不容易，因为道恩是一个远离喧嚣都市、隐匿在绿意静谧中的小村庄，整个村子只有 40 户人家，大多数人是农民。来此朝圣的游客从伦敦维多利亚车站乘火车需要 30 分钟到达布罗姆利市，然后乘公共汽车到道恩村。一路上，能看到绿色的农场和悠闲的牛羊，一派世外桃源的宁静景象。这种从繁华中抽身出来的感觉，便是达尔文迁居于此的原因。[1] 达尔文在移居道恩之前的五年居住在伦敦，他当时认定伦敦才是创建科学事业之地。他在伦敦期间广泛阅读，积极参加各种科学活动，写作并出版了《贝格尔号之旅》等著作和论文，开始推论关于自然史的生物演变观点的可能性，这个时期

① 参见王艳红. 带上你的眼睛——访达尔文故居 Down House[J]. 生命世界，2006（2）：96-101.

达尔文故居（英国肯特郡）

被认定为“达尔文后来的进化论观点形成的最重要的阶段之一”[①]。然而，这段时间达尔文的健康状况急剧恶化，加之孩子出生，寓所变得拥挤，他最终选择离开伦敦。他需要移居到远离尘嚣的乡村，调节生活节奏以缓解糟糕的身体状况，并集中注意力践行科学研究。而且，达尔文“喜欢看着风雨晦明四季变换，呼吸新鲜空气，养几头牛，收拾一个花园子，摈弃一切他不想要的社交活动”。正是在这个时候，道恩村的房子吸引了达尔文的目光，尽管它半新不旧，并不华丽精致，但是它宽敞且便宜，周围又有大量绿地环绕，可以满足达尔文对宁静的乡间生活的需求。[②]

自从迁居于此，达尔文便不再搬家，从1842年起直到1882年去世，达尔文在道恩故居度过了人生中重要而漫长的40年时光。这里不仅是达尔文与家人生活的居所，也是他进行科学研究的地方，因为达尔文从

① 乐文思．达尔文[M]．沈力，译．北京：华夏出版社，2012：26.
② 参见王艳红．带上你的眼睛——访达尔文故居Down House[J]．生命世界，2006（2），96-101.

末在大学里任职，可以说道恩故居就是他的科研所。达尔文在这里建了温室、花圃，种植植物，观察各种植物的生长过程；建立实验室，观察动物的行为。他还在草地上铺设石子小路，每天在这里一边散步一边思考问题，因此这条小路也被称为“思考之路”。达尔文的大多数著作和科研成果都是在道恩完成的，包括举世闻名的《物种起源》。

如今，达尔文的道恩故居已经成了达尔文纪念馆，免费向游人开放，每年都有来自世界各地的游人、学者到此凭吊这位伟大的自然科学家。故居的客厅和书房按照达尔文一家人在此居住时的情景布置。客厅中有红色的地毯、素雅的墙纸，墙上有家族成员画像，书架和钢琴摆放其中。书房里保留了达尔文使用过的生活用品、手稿信件、书籍文献，以及显微镜、望远镜、环动仪、温度计、地质锤等研究工具，此外还有达尔文生前采集的动植物标本。这些物品并非仿制，大都是达尔文家族捐赠的原物。书房的隔壁是台球室，墙上挂着许多当年讽刺进化论的报纸和杂志漫画。纪念馆还专门设立科普馆，向游客介绍达尔文最广为人知的进化论。进化论第一次对整个生物界的发生、发展，做出了唯物的、规律性的解释，推翻了物种不变理论和上帝创世说在生物学中的统治地位，使生物学发生了一次革命性的变革。

进化论对人类历史的影响是深远的、无法估量的，但是达尔文的生命是有限的。1882 年 4 月 19 日，达尔文在道恩逝世，享年 73 岁。为了表达对达尔文的敬意，英国人把他的头像印在 10 英镑的纸币上，于 2000 年 11 月至 2018 年 3 月在全国发行。但达尔文的知名度绝不仅限于英国，澳大利亚还有以达尔文的名字命名的城市。达尔文之所以受到世人的推崇，是因为他的研究不仅改变了我们对动植物的看法，还改变了我们对自己的看法：人类是由猿猴进化而来，所以人类和其他物种一样，是大自然的一部分，并不是上帝优选，也不是自然界的中心。这就为人类更加客观、理性地认识自己提供了可能。所以，达尔文的理论不仅在生物学领域产生了巨大的影响，还在人类学、社会学、心理学、哲学等多个领域产生了广泛影响，成为 19 世纪以来影响人类进程的重要理论。如果说达尔文的理论解释了人类以及整个自然界的变迁历程，那么道恩故居则见证了达尔文半生的经历。

科学之子

1809 年 2 月 12 日，查尔斯·罗伯特·达尔文出生于英国小城施鲁斯伯里的一个富裕家庭。这是一个科学氛围浓厚的家庭。达尔文的祖父伊拉斯马斯·达尔文是医学博士，医术闻名全国；同时他还是一位成就非凡的发明家，曾推动发动机、汽轮机、水泵、运河水闸等许多机械设备的改进；他还提出过早期的进化理论，“认为植物或动物源自原始的‘丝状生物’,并且随着时间的推进趋向于自我改良”[①]。达尔文儿时曾阅读祖父的著作，他的思想一定程度上受到了祖父潜移默化的影响。达尔文的父亲也是一位远近闻名的医师，19 岁就取得了医学博士学位，22 岁成为英国皇家学会会员。家族中浓厚的科学氛围为达尔文后来的科学之路奠定了基础。

虽然祖父和父亲都成就卓著，但达尔文小时候只是个普通的男孩，非常淘气，还曾被认为智力低下。父亲很担心他未来会一事无成，成为家族的耻辱，因为他在私立学校被校长批评，在医学院不认真学习，在基督学院又一无所成，父亲为他安排的道路他都走不好，这让父亲很恼火。

实际上，达尔文并非不务正业，他从小就表现出对自然的兴趣，只是这一道路一直不被父亲认可。幸运的是达尔文的母亲很好地保护了他对自然万物的好奇心。达尔文小时候曾问母亲,泥土可以长出花草树木，为什么长不出小狗和小猫？母亲说小狗和小猫是它们的妈妈生的，你是我生的，我是你的外祖母生的。达尔文继续问，那么最早的妈妈是谁生

① 乐文思. 达尔文 [M]. 沈力，译. 北京：华夏出版社，2012：10.

的？母亲解释说是夏娃，她是上帝创造的。达尔文刨根问底，那么上帝是谁创造的？母亲只好说，这是一个谜，希望你长大后自己去寻找答案。热爱思考的达尔文长大后果然走上了寻找答案的科学道路，最终提出了进化论，改变了人类神创的观念。

达尔文不仅热爱思考自然万物的起源与演变过程，还喜欢亲手培育植物。达尔文 7 岁时，父亲发现他喜欢园艺，于是就把后花园的一角交给他打理，让他随意种植自己喜欢的植物，并保证它们健康成长。达尔文在园艺中感受着自然的美好与神奇。然而，花园里自由自在的时光很快就结束了。同年，达尔文被送进施鲁斯伯里的日校，但他并不喜欢这个学校死记硬背的课程，而是爱上了阅读小说，如《鲁滨逊漂流记》《格列佛游记》等。这些著作激起了达尔文环游世界、投入到更广阔的大自然中的愿望。也是在这个时候，达尔文发现了自己对收集的偏爱，他常常收集贝壳、印章、钱币、矿物等各种各样的东西。

后来，达尔文进入施鲁斯伯里布特勒博士的高级学校，在那里学习了 7 年。这是一所严苛的旧式学校，课程枯燥而陈旧，并没有对学生的思想和创造力的发展起到积极的作用。但是达尔文在此期间阅读了大量文学作品。他尤其喜欢雪莱的作品。雪莱在当时被认为是个叛逆的狂人，达尔文曾因阅读雪莱的作品而被学校老师批评。但是达尔文辩解说，雪莱跟莎士比亚一样伟大，莎士比亚在初登文坛的时候也备受质疑，但是现在大家都认为莎士比亚是优秀的作家，说不定雪莱也是如此。当时年少的达尔文不会预见到，不仅他对雪莱的判断得到了验证，而且他自己的境遇也像莎士比亚和雪莱一样——生前不被世人认可，却在死后的几百年中，对世界产生了巨大影响。

达尔文最初被父亲安排继承家族事业，做一名医生。一开始，达尔文对医学并不反感，认为救死扶伤是一件有意义、值得为之努力的事情。他甚至曾在爱丁堡学医时用自己的方法治好病人的呕吐、腹泻。但是后来达尔文开始厌弃医学，其中主要有两方面的原因：其一，他看到这里的医生把没钱治病的穷人赶到门外，这让他对医学信仰产生了怀疑；其二，他看到实验中医生解剖穷人的尸体，以及没有麻醉的外科手术把病人折磨得痛不欲生。达尔文从中看到医学残忍、荒唐的一面，认为医术并没有减轻病人的痛苦，不值得学习。从此，达尔文拒绝上解剖课和外科手术课，而是花费更多时间在周边游玩、打猎、研究动植物，并且结交了一些可以一起讨论生物学问题的朋友。

在达尔文放弃医学之路后，父亲安排他做一名牧师。达尔文对此非常反感。后来，在舅舅的劝说下，达尔文接受了牧师这一职业，因为舅舅告诉他，许多伟大的科学家同时又是牧师，并且当牧师并不影响他的科研工作。于是，达尔文来到剑桥基督学院学习，为成为一名牧师做准备。在这里，达尔文培养了对昆虫的兴趣，而且尤其热衷于搜集甲虫。他在自传中曾提到自己收集甲虫的一则趣事：有一次达尔文看到两种罕见的甲虫，他一手捉住一只，很快他又发现了第三种，但是他不舍得放弃任何一种，于是把其中一只放到了嘴里。甲虫却排出了辛辣的汁液，伤到了达尔文，于是他不得不放弃了这只甲虫。由此可见达尔文探索科学时执着、忘我的精神。

故居一隅

故居正门

在基督学院，达尔文认识了他生命中的伯乐——植物学教授约翰·亨斯洛。达尔文选修了亨斯洛的植物学课，并参加他组织的学术讨论的聚会，在聚会上结识了很多志同道合的朋友，促进了达尔文的生物学研究。同时，达尔文在此期间也选修了地质学课程，并且广泛阅读了各种自然科学书籍。这一切为他从事生物研究打下了基础，同时也再次激发了他对大自然的兴趣。在这一阶段的学习中，对达尔文产生很大影响的是洪堡的《1799—1804新大陆热带地区旅行记》，书中描述的原始森林、崇山峻岭、茫茫原野使达尔文热血沸腾，他渴望能够像洪堡一样去探索那些不为人所知的自然。达尔文曾在梦中来到洪堡描述的世界：大树参天，鸟语花香，野生动物信步其中，部落酋长热情友好……

出乎意料的是，他的梦想很快成真了。他曾向亨斯洛表达过对洪堡的敬仰和对探险的向往，后来，亨斯洛了解到贝格尔号军舰正在四处寻找一个受过高等教育的博物学家一同开启远航之旅。在亨斯洛的建议和推荐下，达尔文登上了贝格尔号，开始了长达五年的自然考察，同时也终止了他成为牧师的职业规划，达尔文的人生从此进入一个新的阶段。

这一转折是天降机遇，更是达尔文自己争取来的。首先，达尔文需要说服父亲给他资金上的支持。他找到一向关心他、欣赏他的舅舅来当说客，才得到父亲的资助。其次，他需要说服舰长罗伯特·菲茨罗伊接受他。菲茨罗伊选人异常苛刻，他需要一个坚毅的、不怕困难的、真正从事科学研究的人，而非只是游山玩水的游客。舰长一开始并不看好达尔文，认为达尔文面相不好，不值得信赖，但达尔文用真诚和决心最终打动了舰长，赢得了这次机会。

1931 年 12 月，达尔文开始了他的航行。从英格兰出发，穿越北大西洋到达南美洲，沿着南美洲的东岸航行，绕过南美洲的合恩岛后进入南太平洋，再沿着南美洲的西岸航行，然后驶向加拉帕戈斯群岛，之后到达大洋洲的悉尼，再沿着大洋洲的南岸行驶，到达霍巴特（澳大利亚塔斯马尼亚岛东南岸港口城市），绕过大洋洲后进入印度洋，绕道非洲的好望角进入北大西洋回英国。在艰辛的旅途中，达尔文经受住了晕船的折磨，在地震中幸存下来，看到过同伴们纷纷病死，在火地岛见到过野人。同时，他也在人迹罕至的原始丛林中获得了无穷的乐趣，在非洲的普拉亚采摘香蕉树、咖啡树的花朵，观察海岛上动物的习性，并制作标本；在南美洲的热带雨林中收集前所未知的生物品种；在大西洋沿岸的蓬塔阿尔塔发现了大懒兽、磨齿兽、巨树懒等灭绝动物的化石以及存活的小型树懒。这些丰富多彩的物种让达尔文大开眼界，也让他困惑不已。比如，他不明白为什么蓬塔阿尔塔的大型树懒会灭绝，而小型树懒却生存了下来。这些困惑成为达尔文思考物种变异的起点。

达尔文在南美洲看到一些曾经淹没在海水中的礁石，这帮助他从地球运动促进地质变化的实例中思考环境改变物种的问题。他观察到加拉帕戈斯群岛上相同的气候、地质条件下却生活着许多不同种类的乌龟。他不明白为什么同样的环境却养育出不同的乌龟。后来达尔文又在查理士岛上发现了种类繁多的反舌雀。为什么同样的岛上会有嘴型不同的反舌雀呢？在经历了长时间的观察、思考后，达尔文终于明白，这是因为它们要在不同的地质环境中获得自己的食物，坚硬的岩石地带生存的是嘴巴粗大坚硬的雀，因为它们要在石头中啄食；而草丛密集的地带生存的是嘴巴细长的雀，因为它们要探入草丛觅食。这时达尔文明确提出了生物起源和进化的观点：物种是可以随着环境变化而变化的，并非如宗教所说的那样绝对不变。

五年艰辛而充实的考察结束了，达尔文回到家乡。他带回的不仅仅是各种各样的标本，还有从事科学事业的决心。达尔文称这次出海是他一生中最宝贵的经历，对自己未来的职业生涯起到了决定性的作用。达尔文在伦敦把航行经历写成《贝格尔号之旅》，并把航行中有关地质、地理、生物、人类等方面的见闻整理出来，为他思考自然史的生命演变论奠定了基础。

达尔文还思考如何把收集的大量标本用于科学研究，使自己的发现获得学界认同。他为此四处奔走，但是没有组织机构重视他的标本，几经碰壁后，亨斯洛带着达尔文见到了查尔斯·莱尔教授。莱尔是当时地质学界大名鼎鼎的学者，达尔文曾阅读过他的《地质学原理》，并深受影响。莱尔友好地接见了达尔文，并鼓励他撰写论文。从此莱尔成了继亨斯洛之后，达尔文的又一良师益友。他们交往频繁，经常讨论学术问题，达尔文的一些观点改变了莱尔之前的看法，莱尔介绍达尔文成为英国科学协会的成员，并担任地质学会秘书。这一切把达尔文正式带入科学研究领域，也使得他渐渐被学界认可。然而，达尔文一生的大多数时间是在自己家里度过的，他没有在大学里任教、做研究，而是在家里做实验、观察动植物、阅读、思考、著书，直至去世。

家庭生活

达尔文家族的人大都长寿，但是达尔文的母亲在达尔文 8 岁的时候就去世了。达尔文从自然中获得了许多乐趣，找到了精神寄托，他经常钓鱼、找鸟蛋、捉老鼠、做标本，晚上睡觉都要抱着树枝、石头。虽然这些兴趣爱好把家里弄得乱七八糟，但是达尔文的父亲并没有反对，而是准许达尔文把自己的房间变成小小“博物馆”。因此达尔文在没有母亲的日子里，仍旧健康快乐地成长着。

十几岁后达尔文的大多数时间是在学校和航船中度过的，让他再次回归家庭的是他的婚姻。在婚姻问题上，达尔文认为，一方面婚姻将有很大的开销，琐事缠身，多了束缚；另一方面，婚姻生活又有很多温馨

故居花园

浪漫的东西，可以避免晚景凄凉，调剂日常生活的枯燥。几经权衡，达尔文决定结婚。

尽管达尔文家境富裕，但是他不想在结婚后继续靠父亲的资助生活。直到获得地质学会秘书的工作，并且发表论文获得报酬后，达尔文才决定成家。1839年1月，年近30岁的达尔文与青梅竹马的表姐艾玛·威治伍德结婚了。艾玛是达尔文舅舅的女儿，她家境优越，美丽迷人，和达尔文从小就彼此吸引，相谈甚欢。成年后的艾玛追求者众多，但她钟情于达尔文，在达尔文出海的五年里不改初衷，终于等到达尔文的求婚。

达尔文和艾玛共生育了10个孩子。孩子给达尔文带来了生活上的乐趣，也给了他科学上的启发和帮助。达尔文曾经观察并记录儿子小时候的表情，以及后天逐渐成长学习的过程，据此编写了《儿童成长简介》。他的儿子曾启发他从鸽子的研究中思考动物的变异，并且为他的研究一起准备资料，收集各种动植物。

达尔文喜欢孩子，但是他完全沉浸在工作中，没有留出太多时间陪伴孩子，他的三儿子在4岁的时候曾提出用6便士雇爸爸陪自己玩一会儿。虽然达尔文陪伴孩子的时间有限，但是他的科研精神和勤奋作风影响着孩子们的成长，他们长大后大都成就非凡，成了银行家、数学家、天文学家、工程师等，其中，两个在剑桥大学任教，两个是英国皇家学会会员。

但是达尔文的家庭并非完美无瑕。达尔文最心爱的女儿安妮在10岁时死于猩红热，这让达尔文痛苦不堪。除了安妮，达尔文还有两个孩子幼年夭折，活下来的孩子虽然事业有成，但有的有轻微的精神问题，有的没有后代，这让达尔文非常痛苦。达尔文怀疑是自己近亲结婚给孩子们带来了不幸，因为他的父亲和母亲是表兄妹，而他和妻子是表姐弟，他认为这种连续两代的近亲婚姻导致了后代的缺陷。达尔文曾在观察兰花的授粉时发现，自然选择往往更倾向于异花授粉，这样更有利于植物的繁衍、健康。这一点在进一步的实验中也得到验证。这让达尔文为自己的近亲婚姻感到忧虑。当然，也有人认为达尔文孩子的精神问题是因为达尔文家族有遗传性精神疾病，并非近亲结婚所致。但是，达尔文在科学研究中发现了近亲通婚不利于后代健康，他便想用自己的发现造福人类，所以他曾向政府建议在户口调查中关注近亲通婚的问题。

故居餐厅

总体来说，达尔文的家庭是幸福和睦的，他的婚姻也是美满如意的。达尔文能够沉浸在科研工作中，妻子艾玛起到了重要作用。艾玛全心全意支持达尔文的事业，照顾他的衣食起居，在他被病痛折磨时给他安慰和快乐，带他到环境优美的地方疗养，并且负责养育子女，接待亲友。在达尔文后半生的大多数时光里，他疾病缠身，不得不减少外出、运动以及和朋友的会面，幸运的是艾玛一直陪伴在他的身边，无微不至地照顾他。后来达尔文在自传中写道："她是上天给我最好的祝福，我可以肯定地说，在我整个一生中，她从来没有说过半句招我不爱听的话。她总是能给我感情上的支持，对我经常性地抱怨病痛报以极大的耐心。我想她从来也没错过任何做好事的机会。我不敢相信自己的好运气，能拥有一位道德品行各个方面都高于我的妻子。她是我一生的良师益友，如果没有她，我疾病缠身的一生将会显得无比漫长。她赢得了周围所有人发自内心的爱和钦佩。"①

达尔文和妻子的感情可见一斑。甚至有人说，达尔文本来很早就得出了《物种起源》的基本理论，之所以迟迟没有发表，是因为顾及妻子的感受——妻子是虔诚的英国国教教徒，而达尔文的理论否定了基督教所说的上帝创造万物的观点。

在妻子的陪伴中，达尔文在道恩过着简单而充实的生活，他每天"清晨七点起床，（夏天改为六点）在花园散步，七点四十五分吃早饭；一天分成三段时间来工作：上午八点半到十一点半，下午一点半到四点、五点半到七点半，中间休息的时候散步或者听艾玛朗读小说；晚饭后，不是听艾玛弹钢琴，就是和她下双陆棋，十点就寝"②。

闲适的生活和规律的作息，使达尔文有大量时间埋头科研。但是，达尔文并未因此而减少与外界的交往，他通过信件与很多科学家沟通和

---

① 乐文思．达尔文[M]．沈力，译．北京：华夏出版社，2012：29.

② 张秉伦，郑土生．达尔文[M]．北京：中国青年出版社，1982：156.

讨论问题，也经常接待志同道合的好友上门拜访。用心专一但不闭门造车的达尔文在一生中取得大量研究成果，可谓著作等身，除了众所周知的《物种起源》之外，还有《不列颠与外国兰花经由昆虫授粉的各种手段》《动物和植物在家养下的变异》《人类起源》《人类与动物的感情表达》《食虫植物》《植物界异花受精与自体受精的效果》《同种植物的不同花型》《植物运动的力量》《腐殖土的产生与蚯蚓的作用》等众多研究成果。

《物种起源》

虽然达尔文成果丰硕，但当人们提起他时，说得最多的还是《物种起源》。《物种起源》最初的思想来自达尔文在贝格尔号上的经历。达尔文跟随贝格尔号四处考察的时候，观察了不同地方的物种，他发现物种会随着环境、气候的变化而发生变化。后来在漫长的时光里，达尔文一直思考物种为什么会变，变化的规律是什么，他为此不停地探求。

除了通过环球航行考察各地丰富的物种，达尔文还注意观察周边的物种，并与培育种子和从事园艺的人进行讨论，向他们了解家养动物、栽培植物的情况，"他还亲自参加实践，认真考察和研究了小麦、玉米等农作物的选育过程，动手搞移植实验；仔细地分析比较鸡、鸭、鹅、牛、羊、猪、狗、猫等家禽家畜各个品种之间的差异"①。达尔文从中发现，优良的品种是可以通过不断地培育获得的。他还集中精力研究家养的鸽子，搜集不同品种鸽子的标本，发现鸽子虽然品种各异，但是都起源于同一个祖先，后来的演变、分化是饲养过程中人工选择的结果。比如人们喜欢尾巴大的鸽子，就把大尾巴鸽子放在一起繁殖，这样鸽子的尾巴就越来越大，一种大尾巴鸽子的品种就产生了。这种生物演化是人为的，那么那些完全生活在自然中的生物发生变异的原因是什么呢？达

① 张秉伦，郑土生．达尔文[M]．北京：中国青年出版社，1982：138.

故居书房

尔文一直苦苦地思索着。一个偶然的机会，他看到马尔萨斯的《人口论》，深受启发。达尔文通过人口的生存竞争体悟到，在自然界的生存竞争中，有利于生存的变化被继承、延续，而不利于生存的变化遭到淘汰，于是各种变异的物种出现了，这就是著名的“优胜劣汰，适者生存”理论。这一理论可以解释许多自然界中的变异现象。比如，达尔文解剖了家鸭和野鸭，发现前者翅骨轻、腿骨重，因为家鸭飞得少，走得多，它需要自己的腿骨更健壮，这正是根据不同的环境和生存状况发生的变异。再比如他认为历史上本来有和长颈鹿相似的物种，但是环境变化导致能够吃到高处食物的长颈鹿活了下来，而那些脖子稍短的物种灭亡了。这些例证都说明了只有不断根据环境变异、适应新的生存条件的物种才能够延续下去。

在达尔文看来，生存竞争不仅存在于弱肉强食的动物界，还存在于植物界，植物虽然不用争夺食物，但是他们要争夺阳光、水分、土壤。而对于人类的生存竞争，达尔文没有谈论太多。

《物种起源》是达尔文的代表作，也是人类历史上影响深广的著作，它的完成经过了漫长的酝酿期。达尔文先是在1842年写了35页的提纲，在接下来的两年时间里，他把提纲增加到231页，之后渐渐完善充实。

故居活动室

达尔文很看重这本书，在反复修改的过程中由于身体糟糕，他还为这本书写了“遗嘱”，叮嘱艾玛，如果他有不测，就把书稿交给莱尔、亨斯洛或者学界的其他几个朋友编辑出版。

对于《物种起源》中的观点，达尔文非常慎重，反复论证，毕竟推翻上帝创世说非同小可。在这期间，他又发现了物种与物种之间的联系。他观察家周围的动植物，发现红三叶草很少，这说明周围的土蜂很少，因为只有土蜂才会采红三叶草的蜜并为其授粉；土蜂少，是因为田鼠很多，田鼠会破坏土蜂的窝；那么田鼠多是因为什么呢？因为他们家没有养猫。各个物种之间环环相扣，每一个物种的情况都会直接或间接地影响到其他物种。这些发现进一步充实了达尔文的理论。

当达尔文还在不断完善《物种起源》的时候，他的朋友们告诉他，有一个叫阿尔弗雷德·拉塞尔·华莱士的英国科学家也在研究物种问题，如果达尔文不尽快发表文章，可能会失去优先权。果然如朋友们所料，1858年华莱士在考察过程中发现了物种的“适者生存”理论，并就此写了一篇论文寄给达尔文。达尔文看后震惊了，因为华莱士的观点和他的结论惊人地相似，甚至很多术语都一样。达尔文把这件事告诉了很早就了解他的观点的朋友们。在朋友们的安排下，达尔文和华莱士的研究成果一起公开发表，但是并没有引起太多关注和反响。这让达尔文觉得一篇文章不足以引起重视，写出系统的专著是必要的。

1859 年 11 月，经过 20 多年打磨的《物种起源》终于出版了。该书共 14 章，600 多页，内容上先从家养马、鸽子、庭院里的植物的变异入手，提出人工选择的作用，随后从人工选择过渡到自然选择，通过大量事实，证明自然选择对物种变化的影响；同时，达尔文在书中用化石和物种的地理分布论证了生物的生存竞争现象；另外，该书还指出现存的丰富物种是从几个原始物种遗传变异而来……这本书对自然界的解释颠覆了以往的理念，打开了人类新的一页。

第一版《物种起源》只印刷了 1250 册，因为出版社考虑到书中观点过于新颖，很难被人接受，可能会滞销。但是这本书在面市的第一天就销售一空，第二版印了 3000 册，也很快售罄。紧接着《物种起源》被翻译成德文、法文、西班牙文、日文、俄文、波兰文等几十种文字，达尔文的学说也随之传到世界各地，吸引了一大批支持者。热衷于传播达尔文理论的德国教授恩斯特·海克尔曾亲自登门拜访达尔文。他在德国极力传播达尔文的进化理论，并写了大量著作，为达尔文学说的推广起到了巨大的作用。

《物种起源》为达尔文赢得了巨大的荣誉，他获得了许多学校的博士学位、许多学会的奖章、许多国家学术团体抛来的橄榄枝。但是达尔文对纷至沓来的荣誉没有太多兴趣，而是仍旧坚持把更多时间花费在科学研究上。后来达尔文相继出版了《动物和植物在家养下的变异》《人类起源》等著作，对物种变异做了更多、更深入的讨论。在《人类起源》中，达尔文向世人宣布，人类的祖先是猿猴，人是由低等动物进化而来，人类之所以进化成现在的样子，是因为生产需要人的手变得更加灵活，需要双腿直立行走，需要大脑不断思考。当人们不断训练自己的手、双腿和大脑时，脊柱和骨骼结构发生了变化。达尔文还观察到胎儿的某些身体结构和猩猩的身体结构相同，证明了人猿同族。他还把人的四肢和爬行动物、鸟类、哺乳动物的四肢进行比较，认为人和脊椎动物起源于同一物种。

《物种起源》固然使达尔文名垂千古，但是在它发表之初，并非人人都能够接受如此石破天惊的观点。支持的人欢欣鼓舞，反对的人勃然大怒，双方甚至在牛津大学展开公开论辩。虔诚的宗教信仰者对达尔文大加批判，嘲笑人类的祖先是猴子这一观点；青年学生和一些学者支持达尔文，斥责前者的宗教偏见。即使在 1877 年达尔文被剑桥大学授予荣誉学位的时候，依旧有一些人在仪式上捣乱，用一只猴子扰乱秩序。达尔文的道恩故居至今还保留着一些当年批评进化论的报纸、杂志。杂志上的漫画把达尔文讽刺成猩猩，一只猩猩哭着说："达尔文，你欺侮了我，你硬是要挤进我的世系！"还有一则漫画是达尔文正和一只毛茸茸的猴子拥抱接吻。[①] 虽然达尔文遭受了各种嘲讽，但他并不热衷于与人争辩，面对众多质疑，他很少自己站出来解释，而是把更多时间用在研究上。

一直站在辩论前沿的是达尔文的朋友和支持者们，其中托马斯·亨利·赫胥黎为维护和宣传达尔文的思想起到了重要作用。赫胥黎自称为"达尔文的斗犬"，他坚定地捍卫达尔文的理论，多次在学术会议上陈述《物种起源》的观点，与攻击者辩论，留下了许多精彩的政论文章，包括为中国人所熟悉的《天演论》。

《天演论》在中国走红有其特殊的历史语境。清朝末年，中日甲午战争中清政府战败，曾留学英国的严复深受刺激，决定介绍西方先进科学技术和思想成果。严复翻译《天演论》，介绍达尔文的理论，意在告诉国人要想在竞争中取胜，不被淘汰，就应该奋发图强。这一革命性的思想为当时爱国志士的维新运动提供了理论武器，20 世纪的中国革命史从某种意义上讲正是在达尔文主义基础上展开的。此后，"物竞天择，适者生存"思想逐渐渗透到了中国人的思想意识中。

---

① 参见周敏. 达尔文 [M]. 北京：中国宇航出版社，2005：106.

故居外景

达尔文以《物种起源》成名后，经济条件得到很大改善，虽然他本人生活十分节俭，却慷慨地把钱捐赠给科学事业。达尔文平时用的科学仪器都很简陋，但他却用奖金为那不勒斯研究所买仪器设备。达尔文还资助植物名汇的编纂，提供5000英镑的巨款翻译世界名著，向学校图书馆赠书。

是福是祸

进化论的发现既是达尔文个人的成就，也与当时的时代背景密不可分。从经济上来说，19世纪上半叶，第一次工业革命在英国蓬勃开展，动力机器取代手工劳动，大大推动了经济进步，使得英国一跃成为世界工厂。于是英国急切地派出船队到世界各地开发资源，寻找商品市场。达尔文正是在这样的背景下才有机会乘船进行环球考察。从思想上来说，文艺复兴和启蒙运动打破宗教桎梏，确立现代科学的理性思维，为进化论提供了思想依据。

达尔文的进化论被誉为“19世纪自然科学的三大发现”（其他两个是细胞学说、能量守恒定律）之一，是继哥白尼革命之后，人类科学思想史上又一影响深远的革命性发现。之所以说进化论是革命性的发现，是因为其影响不仅仅局限在自然科学领域，还关乎人类的思想史。进化论以发展、流动的世界观取代静态不变的宗教创世论，改变了人们对生命的认知，推动了思想解放和科学精神的传播，影响了许多领域的思想家。马克思很欣赏达尔文，他把《资本论》第一卷题赠给达尔文，在扉页中写道：“赠给查尔斯·达尔文先生。您真诚的钦慕者卡尔·马克思。”这本书就珍藏在道恩故居。

达尔文在各个领域的影响越来越深广，以至于在19世纪发展出了社会达尔文主义。社会达尔文主义把动物界的法则应用到人类社会中，用生物发展规律来解释人类发展规律，认为在人类社会中也同样存在着适者生存的现象，只有强者才能够获得更好的生活，而人们为了生存和获得更好生活而做的斗争成了推动社会进步的基本动力。此时，原本具有反叛性的达尔文学说变成了为资本主义辩护的保守理论。于是帝国主义殖民侵略和阶级斗争都打起了正当竞争的旗号，一切罪恶变得合情合理，失败者被视为能力不足、不适应进化选择的弱者，理应为强者服务。

社会达尔文主义不仅为帝国主义战争服务，还是种族主义的保护伞。种族主义利用弱肉强食、适者生存的原理把某些人种定性为优等人种，把某些人种定性为劣等人种，由此优等人种对劣等人种的奴役和杀戮变得合情合理。“二战”中纳粹德国对犹太人的种族清洗即是最惨痛的例证。纳粹认为只有日耳曼这一优等种族才配享有地球上有限的资源，那些劣等的种族理应被淘汰，优等种族和劣等种族之间不可以通婚，否则后代会受到不良影响。这种荒唐的逻辑在当时导致了将近600万犹太人被无辜屠杀，书写了人类文明史上黑暗的一页。

极端社会达尔文主义者排斥一切异己，认为那些精神病患者、同性恋者、老弱病残者都是不适应这个社会的存在，理应被淘汰。另外，社会达尔文主义还崇尚优生学，即通过医学手段改变、控制遗传，从而生产出更加优秀的后代。这些思想仍旧影响着当今社会。

虽然时至今日，社会达尔文主义和种族主义得到反思与纠正，但是当今资本主义社会的意识形态在本质上仍是达尔文主义的：每个人都被告知，要在竞争中努力胜出；工作中效率至上，其他个性没有价值，不值得推崇；强者为王，民主治理法则因此受损；成功学流行，人的一切行为都被放置在成功与否的评价体系中。从某种程度上来说，社会达尔文主义加剧了劳动对人的异化，因为人们不得不投入到无尽的工作中，以证明自己的价值，获得尊严；为了竞争，人们永远要和身边的人比较，而每个人的身边都有无数比自己优秀、努力的人，于是他们不得不活在永恒的焦虑中；在竞争的价值导引下，民族主义、小团体主义、地方保护主义日渐盛行。[①] 这一切让进化论在今天仍旧持续引发大众的思考与讨论。

进化论学说的影响，远远超出了达尔文的预料。实际上社会达尔文主义并不等于达尔文本人的观点，只是以斯宾塞为首的一些学者借用达尔文的理论发展出来的一种理论。其实，达尔文本人是一个坚定的人道主义者，他非常同情黑奴，排斥奴隶制度。他跟随贝格尔号考察的时候，亲眼看到奴隶主如何残酷地对待奴隶，为此和舰长菲茨罗伊进行了激烈的争论。菲茨罗伊支持殖民主义和黑奴贸易，他认为黑奴和他们是不同的人种，不必拿对待自己人的标准对待他们。达尔文反驳说："我承认他们是人，这点跟我们完全一样……雷诺尽管地位高贵、好客，对我们有礼貌，可是他在高喊自由、博爱的同时，却在干着那些惨无人道的勾当，难道对奴隶就不讲基督教的博爱了吗？……请您设想一下，要是您的妻子和孩子被人从身边抢走，并且像牲畜一样被出卖给一个出钱比较多的人，您会有什么样的感想呢？"[②] 可见，达尔文本人反对种族主义，反对

① 参见何云峰．警惕社会达尔文主义撕裂中国[J]．探索与争鸣，2016（9）：96-101.
② 张秉伦，郑土生．达尔文[M]．北京：中国青年出版社，1982：101.

极端社会达尔文主义，只是达尔文的学说顺应了资本主义社会扩张、发展的需求，于是被借用、改造。

从某种程度上讲，资本主义的扩张和社会达尔文主义的进化观共同造就了全世界范围的功利主义狂潮。如果说资本主义是在经济上颠覆了农耕社会的经济秩序，那么社会达尔文主义则是在思想上改变了以往的生活观念。对于一个国家来说，繁荣富强是国家发展的最高目标；对于个人来说，让自己在竞争中胜出成为基本的价值导向。而这一至今仍主导整个资本主义社会的价值体系值得我们认真思考。

（撰稿：杨宇静）

参考文献

何云峰. 警惕社会达尔文主义撕裂中国 [J]. 探索与争鸣，2016（9）.

乐文思. 达尔文 [M]. 沈力，译. 北京：华夏出版社，2012.

王艳红. 带上你的眼睛——访达尔文故居Down House[J]. 生命世界，2006（2）.

张秉伦，郑土生. 达尔文 [M]. 北京：中国青年出版社，1982.

周敏. 达尔文 [M]. 北京：中国宇航出版社，2005.

巴斯德

1822年的圣诞节刚刚过去，在法国西部城市汝拉的多勒镇，薄薄的雪覆盖着城镇的各个角落，暖阳透过氤氲的晨雾轻柔地洒满大地，慵懒的人们仍然沉浸在节日的欢乐气氛之中。居桑斯河边一栋青石砌就的二层小楼里，一声清脆的啼哭划破了清晨的宁静。巴斯德家的第三个男孩——路易·巴斯德在圣诞节后的第三天，出生在这间不起眼的鞣革作坊之中。此刻谁也不知道，汝拉这个以葡萄酒闻名的法国东部小城，竟诞生了一位足以载入人类科学史册的天才微生物学家。

沿着市镇入口处的居桑斯河溯流而上，湍急的水流冲刷着河床，低矮的石质建筑零散地分布在河岸上。激流为鞣革工们提供了鞣制皮料的良好条件，他们带着家人、工具和赖以为生的手艺来到河岸，在曲折的岸堤上建立起一家家鞣革作坊。这些青石砌成的建筑便是他们的居所。零散的房屋与远处山丘上整齐排列的葡萄种植园遥相呼应，这里也是巴斯德开启人生之路、迈向科学殿堂的童年居所。沿着河岸穿越几条狭窄的小巷，便来到了巴斯德家族在汝拉的故居。建筑的外墙在风雨烈日侵蚀之下已变得斑驳，房间面积并不宽敞，加之屋内灯光昏暗，显得更加拥挤。在屋内一角，摆放着巴斯德婴儿时期睡过的摇篮，距此不远处一座巴斯德雕像静静地注视着这个方向，仿佛时空重叠一般。巴斯德在小城汝拉度过了早年的求学时光，小城的一草一木、一景一物都在巴斯德的记忆中烙下了深刻的印记。

在这座古老的建筑中，沿着走廊继续前行，视野豁然开阔起来，屋内一个宽敞的房间被改造成精致的展厅。葡萄酒瓶、曲颈瓶、细菌培养皿……这些精致的容器，如同点点星光，照亮了巴斯德在微生物学这个彼时尚未被人重视的研究领域所走过的探索旅程。“不要在已成的事业中逗留！”晚年回顾起自己的一生，巴斯德如是说。

巴斯德坚定地扛起科学的旗帜，高举熊熊燃烧的生物学火炬，带领人们冲破了细菌、病毒以及疾病笼罩下的黑暗，在为人类谋求健康与幸福而不竭战斗的征程中，吹响了前进的号角。他的研究没有被地域所局限、没有被时间所磨灭、没有被专业所阻碍，而是在全球领域内，为全人类预期寿命的显著延长做出了突出的贡献。时至今日，我们可以随时

巴斯德故居（法国汝拉）

随地便捷地买到洁净无菌的饮品而无变质之虞，可以在出生时便有计划地接种多种类型的疫苗以抵御足以致命的疾病，可以在医院接受治疗时不必担心感染其他细菌、病毒而导致病情加重，凡此种种，皆得益于这位百余年前与疾病展开决绝抗争的科学巨人——巴斯德。

氤氲在酒香中的科学起点

巴斯德的父亲让·约瑟夫·巴斯德所处的年代并不平静。法兰西帝国的缔造者、充满野心的军事家拿破仑彼时正率领法兰西铁骑横扫欧洲，巴斯德的父亲便是拿破仑军团中第三纵队的一员。在五年的南征北战中，让·约瑟夫·巴斯德保持着对拿破仑的忠诚。这位骁勇的战士在拿破仑下台后，黯然回到自己的故乡——汝拉的萨兰镇，重拾起祖辈曾经赖以为生的鞣革手艺，并邂逅了巴斯德的母亲。二人婚后搬至多勒，在居桑斯河边建立起自己的鞣革作坊，开始了全新的生活。

汝拉全年少雨而秋季温和，十分适宜葡萄的种植与采摘，葡萄酒也成为汝拉自古至今颇具盛名的地方名产，巴斯德的儿时挚友阿尔丹·韦塞尔家便经营着一座葡萄酒庄园。巴斯德家族的生活在这个安静的小镇上逐渐步入正轨。鞣制皮革的木架和种植葡萄的庄园成为了巴斯德的童年乐园。羊脂的气味和葡萄汁的芳香伴随着他的一生，带他走进了对微生物世界的探索之中。

巴斯德是家庭中唯一的男孩，父亲对他的教育始终抱有一份不变的热情。这位征战过欧洲的老兵晚年虽不富裕，却对孩子的未来有一份美好的憧憬。巴斯德的父亲性格严厉，兼具军人的严肃和父亲的慈爱，他用自己的亲身经历以及法兰西的辉煌历史来激励子女，亲自教授孩子识认字句。巴斯德在回忆父亲时曾经深情地谈道：“我的父亲，你的生活很艰苦，如同你那艰辛的职业。让我明白长期工作中的毅力能做些什么。我受恩于你在日常工作中的顽强。你不仅仅具备使人生有价值的坚韧品质，而且也崇敬伟人和伟业。”①

在父亲的教育和影响下，巴斯德在21岁那年成功考入巴黎高等师范学院。这所学校几乎与法兰西共和国同龄，集合了法国各个学科领域顶尖的研究学者。巴斯德选择了理学专业。在蒙日、拉普拉斯等学界前辈的科学精神的指引下，巴斯德开始真正走上学术研究之路。

作为微生物学界的奠基人，巴斯德的兴趣始于化学。求学期间，巴斯德沉醉于神奇美妙的化学世界之中。在实验室整齐的试管烧杯面前，巴斯德天生的探索欲和求知欲被激发出来。对于课堂上教授讲到的内容，巴斯德都会带着厚厚的课堂笔记来到实验室进行验证，直至得到正确的实验结果方才满足。整天埋头在实验室中的巴斯德因而有了一个绰号——“实验室的蛀虫”。后来巴斯德这种强调实证的研究方式在工作中也保持了下来。据巴斯德乌尔姆路实验室的工作助手回忆，巴斯德在思考他的实验假设时，眼睛始终不离开自己的实验记录本，以至于察觉不到周围的人和物，尤其在他沉思时，能旁若无人地在房间里来回走动数小时。

对化学的热爱使得巴斯德在毕业之后拒绝了待遇优厚的中学教职，他通过不懈努力与毛遂自荐，在母校的巴拉尔实验室中谋得了一个宝贵的实验室助理的职位。在这里，巴斯德取得了他学术生涯中第一个里程碑式的成就，而这个研究结果，恰恰与其家乡汝拉的特产葡萄酒有着不解之缘。

巴斯德从小在飘满果香的葡萄酒庄园中长大。在秋天葡萄收获的季节，整个小镇都氤氲着清幽的葡萄果香与浓郁的醉人酒气。满载葡萄的小车吱吱扭扭地穿过街巷，人们将葡萄存储在木桶中进行发酵，期待着在大自然的神奇催化下酿造出香气扑鼻的美酒。在酿酒过程中，人们逐渐发现，葡萄酒桶底部往往会沉积一种透明的盐粒状晶体，因其是葡萄

① 德布雷. 巴斯德传[M]. 姜志辉，译. 北京：商务印书馆，2000：11.

酒风味中酸味的主要来源，因而被命名为“酒石酸”。而巴斯德人生中的第一项重大发现就来源于此。

在巴拉尔实验室工作期间，巴斯德接触到了一篇论文。文中称，化学家们收集了各种葡萄酒桶里的酒石酸样本后发现，本来应当完全相同的酒石酸，竟然表现出两种不同的性质。这两种酒石酸其他的特性似乎都一模一样，但一种所制成的溶液会使光线发生偏振，而另一种却不能。巴斯德敏锐地觉察到，造成这种现象的原因应该与酒石酸的微观结构有关，于是他立刻着手进行研究。采集酒石酸对于成长于葡萄酒产区的巴斯德而言轻而易举。回到实验室后，巴斯德将两种酒石酸样本放在显微镜下细细观察，结果令他激动不已：能产生偏振的酒石酸所形成的结晶，结构完全一致；而不能产生偏振的酒石酸所形成的结晶，居然是由两种不同的酒石酸混合而成的—— 一种的结构和前者一致，一种的结构和前者恰好对称。而这样细微的差别，是否就是导致两种酒石酸结晶性质产生差异的原因呢？巴斯德将两种结构恰好对称的酒石酸分别挑出并进行溶解，然后将溶液通过极化光，两种溶液分别产生了左旋与右旋两种截然相反的现象。两束细细的波光，照亮了人类研究三次元空间化学的新道路，人们意识到化学研究将不再停滞在二次元的分子式阶段。相同的分子式在空间构造上的不同，导致性质也完全不同。这个足以载入史册的实验，第一次将几何学、物理学、化学与生物学有机地联系在一起。开启晶体光学性质研究的法国化学家毕奥在看过巴斯德的实验并进行验证后，不禁由衷地感叹：“亲爱的孩子，我这一生热爱科学，这个结果撼动了我的心。”

酒石酸晶体实验的成功令巴斯德一举成名，然而他的研究与葡萄酒的缘分却刚刚开始。巴黎高等师范学院对于毕业生有一个强制性的规定，即必须拥有在中学任教的经历。因此巴斯德只得满怀遗憾地离开了巴拉尔实验室，进入第戎莱西的一所中学任职。幸运的是，在其导师巴拉尔与毕奥的共同努力下，巴斯德被允许进入斯特拉斯堡大学成为一名副教授。在这里，巴斯德遇见了理解并支持自己科学事业的爱人——玛丽·罗兰。这位伟大的女性在巴斯德的学术探索上给予了最大的鼓励与肯定,并凭借自身的知识积累和科学涵养,成为其工作中的最佳助手。五年后,巴斯德进入里尔大学,继续从事化学专业的相关研究。然而,与葡萄酒的另一次邂逅,让巴斯德的学术兴趣开始延伸到更加广阔的领域。

里尔作为法国北部最大的城市,拥有近千年的历史。酿造业是当地的支柱产业之一,在当时的法国占据重要地位。然而在葡萄酒的生产上,却始终有一个巨大的难题。每年都有数以万计封存着葡萄酒的木桶,整齐地存放在里尔众多酒商的地窖之中。桶中的酒液静静地等待着在大自然的鬼斧神工下慢慢转化为美味佳酿。但对于当时的酒商而言,每一次的开桶却无异于一次赌博。酒桶在开封之后,人们往往期待着一阵芬芳扑鼻的迷人酒香散发出来,结果却经常事与愿违,原本应该清香纯净的葡萄酒变得黏稠,散发着浓烈刺鼻的酸味,令人大失所望。葡萄酒变质的问题长期困扰着当地的酒商,不少酒厂因此而破产倒闭。直到有一天,一家酒厂的经营者敲开了巴斯德的家门。

巴斯德热情地接待了这位满面愁容的酒商,并答应为其寻求解决问题的办法。在当时,糖转化为酒精的过程往往被认为是一个单纯的化学过程。化学之父拉瓦锡通过自己的观察宣称,葡萄酒的发酵效应在于把作为氧化物的糖分成相互关联的两份,氧化其中一份令其产生碳酸,另一份则脱氧以产生可燃物酒精。拉瓦锡是 18 世纪化学界的权威人物,他的结论获得了当时学界的一致认可。但是随后其他有关发酵的研究也均从化学角度,试图揭示发酵的基本原理,却始终未能有所进展。

巴斯德带着两份样本回到实验室,在工作台前陷入了沉思。原料、发酵环境和发酵时间都相同的两桶葡萄酒,为何会产生两种截然不同的产物呢?酒石酸偏振实验的成功经验让巴斯德开始考虑,是否应从更加微观的角度入手,用新的思路对发酵过程进行研究。巴斯德再次取来了当时在化学实验室中还不常出现的仪器——显微镜。

在显微镜的帮助下,巴斯德清晰地观察到,未曾变质的葡萄酒样本中,含有大量圆球状的微生物,而在变质的葡萄酒样品中,圆球状的微

故居外景

生物寥寥无几，取而代之的是大量长杆状的微生物。这两种不同形状的微生物如今我们早已知晓，圆球状微生物便是目前发酵工业中最为常见的酵母菌，而长杆状微生物则是制造酸奶时必不可缺的乳酸杆菌。但在巴斯德所处的时代，这两种微生物尚未被人所了解，因此对于这一观察结果，巴斯德感到惊奇不已。他随即将两种微生物进行了分离，并取用洁净的酒原液分别进行培养。实验结果如其所料：加入圆球状微生物的原液并没有发生变质现象，而另一份样品则很快出现酸味。终于，导致葡萄酒变酸的元凶在巴斯德的实验室中显出原形！

真相水落石出，但如何解决这一问题成为巴斯德接下来要面对的困难，直到巴斯德的实验室中添置了新的设备——一台简陋的烧煤恒温箱。一份份样品摆满了工作台，巴斯德重复着枯燥乏味的实验。翻阅其实验记录，我们可以看到一行行潦草的字迹：“失败……错误……”在历经无数次的尝试之后，一种简便易行的方案逐渐浮出水面。巴斯德一扫重复实验过程所带来的疲惫，兴奋地向人们宣布，只要把酒放在五六十摄氏度的环境里，保持半小时，就可杀死酒中的乳酸杆菌。自此之后，里

故居内景

尔的酿酒业进入了一个崭新的发展时代，酒商们再也不用在葡萄酒酿造启封之前心惊胆战地求助于上帝。一桶桶幽香醉人的葡萄酒在里尔的地下酒窖中等待着与世界的相遇。“巴斯德杀菌法”这个至今仍被广泛运用的杀菌操作法，就这样在一台破旧的恒温箱中诞生。

更为重要的是，酵母菌——这种人类生活中最为熟悉、应用最广的细菌，其神秘的面纱在巴斯德的实验室中逐渐被揭开。从此，发酵技术不再依靠上天的眷顾，而成为人类可以熟练操作并广泛运用的食品加工技术。如若没有酵母菌，人类的餐桌将变得单调乏味；如若没有巴斯德，科学的视野也将变得狭窄短浅。在巴斯德和同时代科学家的努力下，微生物学逐渐为人们所接受，并引起了科学界的极大重视。巴斯德也借此机会，从化学研究领域迈入到微生物研究领域之中。然而，一场引发科学界风暴的论战也在这个过程中慢慢酝酿。

曲颈瓶中蕴藏的生物学奥秘

巴斯德在酵母菌研究中所做出的巨大贡献，使得他在法国科学界声名鹊起。年仅 35 岁的巴斯德当选为法国科学院成员，并受到母校巴黎高等师范学院热情的邀请，出任行政长官，地位仅次于校长。然而，这个被上帝眷顾的天才科学家却对学校中琐碎复杂的行政工作感到不适。作为一个严格自律的科研工作者，严谨的数据和精密的分析造就了巴斯德一丝不苟的认真性格，同时受其父亲——一位刻板严肃的退伍老兵的影响，巴斯德在母校上任伊始，对校内学生散漫的行为感到极为不满，并开始着力实施大刀阔斧的改革计划。从巴斯德的袖珍笔记本的记录中，我们可以看到，除了复杂详细的实验数据之外，还有许多与研究并不相关的琐事：到综合工科学校查看配给每个学生的肉类食品有多少克……1859—1860学年的头三个月中一年级学生在课堂被提问的次数……[①]巴斯德在任期间，对学生的管理特别严苛：不穿校服者或抱怨食堂饮食者，将被处以警告；在校园内吸烟或不遵守作息时间的学生，则会被学校直接勒令开除。巴斯德用自己的实际行动，身体力行地实现着拿破仑对于学校发展的想法："学校应是修道院精神与兵营精神的结合。"

巴斯德严厉而不容置疑的改革手段在巴黎高等师范学院引起了巨大的反响，学生因对改革计划不满而怨声载道，学校高层也疲于应对其改革计划所引起的学生抗议活动，就连巴斯德自己，也在改革过程中对行政工作日益厌倦。如今看来，巴斯德制定的规章制度多出自提升学习效率的管理思路，但具体措施却显得操之过急。最终在政府的斡旋下，巴斯德辞去了巴黎高等师范学院行政长官一职，进入索邦大学成为一名教授，并得到了一笔颇为可观的经费，用以成立属于他自己的实验室。短暂的行政工作令巴斯德明白，做一位科学海洋之中的领航员，远比做一位一人之下万人之上的行政长官要幸福得多。

摆脱了行政职务的束缚并成立了自己的实验室之后，巴斯德全身心地投入到科学研究之中。对于酵母菌的研究使他对生物学逐渐产生浓厚的兴趣，并开始在实验过程中越来越多地利用显微镜进行观察。这时，一场引起生物学界巨大风暴的著名论战正在慢慢逼近他。

生物学从公元前2000多年的古埃及发源以来，直至19世纪中叶，有一个难题始终未能得到令人信服的解答——生命的原初是如何发生的，生命能否通过无生命的物质而自然发生？关于这个问题，民间流传

---

① 参见德布雷. 巴斯德传[M]. 姜志辉，译. 北京：商务印书馆，2000：134-135.

着诸多离奇生动的神话故事,也引起了无数研究者的关注。中国便有“腐草为萤”的说法，认为萤火虫是从干燥的枯草中诞生的。西方也有“破布里会生出小老鼠”“污泥中会生出泥鳅”的说法。亚里士多德也曾经提出自己的看法:“一切干燥物体变成潮湿物体，一切变干的潮湿物体产生动物。”①这些说法虽然怪诞不经，难以被科学家们所接受，但学界却始终没有一个令人信服的结论，“自然发生说”理论的正误始终没有得到真正的确定。

巴斯德在通过无数次的重复试验得出“巴斯德杀菌法”后，逐渐对于“自然发生说”的理论有了自己的思考。既然葡萄酒中的乳酸杆菌被加热之后便失去了活性，同时也不会再产生新的乳酸杆菌，那么如此说来“自然发生说”便不攻自破了。这种假设与当时坚持“自然发生说”的法国博物学家、自然博物馆馆长普歇的观念产生了冲突，两人在通信中便就这个问题展开了激烈的争论。最终，两位当时在各自领域均有所建树的科学家准备各自采用最令人信服的实验来说服对方。

普歇在《论自然发生》中记载了他所设计实施的实验。首先将沸水灌满一只烧瓶，将烧瓶密封后，放入水银槽中，以此隔绝空气的进入。待烧瓶冷却后，将氧气与高温处理后的干草装进烧瓶密封，发现几天后依然可以在显微镜下观察到大量微生物的出现。由此普歇得出结论：生命是可以从无生命的环境中自然产生出来的。普歇的实验过程与实验结果并没有出现明显的谬误，在当时得到了不少科学家的肯定和支持。

而巴斯德的实验设计则更加精巧。他在实验中采用了两种容器——广口烧瓶与长颈瓶，在其中分别放入同样质量的肉汤，然后将长颈瓶的颈部进行加热并将其弯曲，制成一种设计巧妙的曲颈瓶。然后将两份样品分别煮沸，消灭肉汤中本身所含有的微生物，随后将两份样品静置在实验室中。经过一段时间之后，广口烧瓶中的肉汤内观察到了大量的微

---

① 德布雷．巴斯德传[M]．姜志辉，译．北京：商务印书馆，2000：174.

生物，而曲颈瓶中却没有新的微生物产生。巴斯德以此说明，微生物无法在营养液中自然产生，而导致烧瓶中肉汤变质的微生物来自空气。巴斯德还进一步推测，空气中所含有的微生物数量与其空气环境有着密切的关系，所处空气的温度与湿度越适宜微生物的生长，空气中所含的微生物就越丰富。

普歇对于巴斯德的实验结果嗤之以鼻，他轻蔑地指出如果空气中含有大量微生物，那么空气早已变得浑浊不堪，人们赖以生存的空气密度将变得和铁一样。

简单的猜想难以说服论敌，也难以使追求极致的自己完全满意，巴斯德便走上了一条与众不同的实验之路。他在实验室中准备了 73 个烧瓶，在其中放入完全相同的肉汤后密封好瓶口。随后巴斯德打点行装，用几只柳条篮将烧瓶逐一放好，踏上了新的探索之路。巴斯德来到巴黎的街头，将其中部分烧瓶的封口一一打开，使巴黎街头的空气进入，然后再次进行密封，接着巴斯德走过了巴黎地下的洞穴、故乡汝拉的山顶，还在一位向导的带领下骑着一头骡子来到了勃朗峰的冰川地区，重复着在巴黎街头进行的实验，让不同烧瓶中的营养液尽可能地接触到不同环境下的空气。实验结果令他欣喜，烧瓶中呈现的结果和他所推测的一样，在巴黎街道上打开过的瓶子，全部出现了微生物；在洞穴中打开过的瓶子，有一半出现了微生物；而在冰川上打开过的瓶子，只有一瓶出现了微生物。据此巴斯德进一步确定了自己的论断：不同地点的空气，所含微生物的数量是有很大区别的，但正是空气中的微生物进入烧瓶中，才会使营养液被污

巴斯德研究所内陈设

穿河而过的小城

染，出现微生物的繁殖。

普歇在得知巴斯德采用的是这种旅行式实验之后毫不认输，带上用高温加热后的干草烧瓶与自己的支持者出发，在每一个巴斯德经过的地点重复着自己的干草烧瓶实验。结果令人意外，无论在何种环境下，普歇的干草烧瓶中都百分之百观察到了微生物的存在。这样的观察结果令当时的法国科学院也感到诧异。为了排除两位各执己见的科学家实验细节中可能存在的误差因素，法国科学院最终决定成立一个委员会，要求普歇和巴斯德在指定的时间、地点，在委员会的监督下重复一组实验，以实验结果来评判双方的输赢。

然而，该委员会中的科学家大多支持巴斯德的观点，这让普歇感到大为不满，在即将开始实验的最后关头，他宣布放弃实验并退出这场论战。巴斯德一人在法国科学院的委员们面前，完美地重复演示了自己的实验，并将实验结果进行了详尽的阐述。最终法国科学院认定，巴斯德赢得了这场关于“自然发生说”正误的论战，而巴斯德也以其严谨精巧的实验设计再次赢得法国科学界的赞誉。

这场论战看似巴斯德取得了全面胜利，但是几年后随着对微生物的研究逐渐深入，人们发现，如若让巴斯德重复普歇的实验，巴斯德所得到的结果也将与普歇相同。因为普歇所用的干草中含有一种在沸水中仍然能够存活的枯草杆菌，这种耐高温的细菌几乎左右了这场论战的结果，也使得生物学险些走上一条难以回头的岔路。

这样的插曲并不能掩盖巴斯德在这场论战中所展现出的智慧与精益求精的探索精神。这场论战在当时受到颇多关注，法国民众通过这一契机，真正了解到身边无处不在的细菌这种微生物的存在。同时巴斯德在实验中所提出的空气中的微生物将造成污染的观点得到了人们的认可，当时刚刚兴起的罐头工厂也开始在巴斯德的指导下，在罐头出厂之前进行高温蒸煮的灭菌处理。巴斯德通过这一论战，真正普及了消毒与预防的知识，对于提升人们生活品质、降低疾病的发病率起到了重要的作用。经历了这次曲折的学术论证之后，巴斯德开始将自己的研究兴趣完全转向生物学领域，生物学领域众多新的发现也在索邦大学的实验室中被一一验证。

蚕蛹中孕育的医学革新

在科学世界中经历过一系列历练后的巴斯德，俨然已经成为法兰西帝国冉冉升起的科学之星。他专注于自己热爱的科学事业，在实验室琳琅满目的仪器设备之中怡然自得。然而，自然科学上的天分带给他的不仅仅是显赫的声誉，同时还有巨大的责任。他要主动面对国家所面临的困难，在难以解决的灾难和疾病面前挺身而出，运用自己的智慧去克服当下的问题。

19 世纪 60 年代，一场“蚕病”席卷法兰西，整个国家的养蚕业和纺织业陷入了空前的危机之中。蚕房中的幼蚕尚未吐丝结茧便已夭折，大量的蚕难以支撑到成熟就成片死去，疾病甚至蔓延到新产下的蚕卵之中。短短数年，这场蚕病从欧洲蔓延到亚洲地区，法国养蚕业的规模萎缩至蚕灾前的五分之一，纺织业也因此萎靡不振。面对如此严重的农业灾害，法国政府采用了多种救灾方法均宣告失败，在无计可施的困境中，巴斯德成了最后的救命稻草。就这样，既不是农学家也不是兽医的巴斯德临危受命，在 1865 年来到了毗邻地中海的法国南部城市加尔。巴斯德此行一去便是六年。

来到加尔后，巴斯德亲眼看到了蚕农们的恐慌与无助。蚕房中一片肃杀的景象以及蚕农因病灾而困苦的生活令巴斯德印象深刻。在这里，巴斯德遇见了另一位法国科学界泰斗，著有《昆虫记》的昆虫学家法布尔。巴斯德直言不讳地说："我想看看蚕茧，我从前从未看到过，我仅听说过这个名称。"在法布尔将蚕茧带到巴斯德面前时，巴斯德好奇地观察着它，并拿起蚕茧在耳边晃动，听到细微的响声后才第一次知道，原来蚕蛹就在蚕茧之中。法布尔在当天的日记中写道："巴斯德不知道毛虫，茧，蛹变形，却要使蚕获得新生。古希腊的体操运动员是赤膊上阵的。对付蚕灾的天才角斗士也是光着身子跑向战场，就是说，他对需拯救的昆虫缺乏最基本的知识。我感到震惊；说得好听一点，我感到惊奇。"①

此时的蚕病已经蔓延到了亚洲地区，巴斯德试图联系日本方面，但都很难找到健康的蚕卵样本进行研究。而且当时所爆发的蚕病并非只有一种，而是几种恶性传染病同时爆发，在蚕场之中交叉传染，感染性极强。而巴斯德在研究之初，并未预想到情况的恶劣，竟被几种蚕病的不同现象所误导，在实验中走了许多弯路。而他所提出的种种设想，也都被不断死亡的蚕所推翻。长久的实验得不到良好的结果，使得当地人的抱怨日益增长，他们不明白，为何政府会将一位从来没有见过蚕的化学家派来研究蚕病问题。

当地人的质疑对于巴斯德而言尚且可以听之任之，但在此期间巴斯德心爱的两位女儿相继离世，着实令他备受打击。在来往于加尔和巴黎

---

① 德布雷．巴斯德传[M]．姜志辉，译．北京：商务印书馆，2000：211.

巴斯德研究所（法国巴黎）

的列车上，巴斯德感到了前所未有的压力。他将自己的学生带到加尔，与自己共同做实验，随后又将家人安置在加尔，并为他们在实验室中安排了工作。巴斯德知道，这一次的研究，或许是一场破釜沉舟的科学豪赌。

经过几年的研究，巴斯德梳理了大量观察结果和研究资料，对于解决蚕灾逐渐有了一条比较明晰的思路。他强调要在养蚕的过程中对于致病的细菌进行彻底的清除。他认为，部分蚕虽然表现出健康的状态，但并不代表它们没有携带致病的细菌，这些蚕在顺利吐丝结茧并产下新蚕卵的过程中，也将细菌传染给了下一代蚕卵，使得蚕病难以完全清除。同时，这些细菌可以通过蚕房内的桑叶、蚕匾等媒介在蚕群中不断进行扩散，具有极强的传播和致病能力。

根据以上观察结果，巴斯德制定了一套完整的消毒及选种方案，并对蚕场的环境提出了极高的灭菌要求：所有蚕卵都应在显微镜下进行细致地观察筛选，带有细菌的蚕及蚕卵必须全部销毁。巴斯德将这一方案在蚕农中进行推广，一时间蚕病得到了遏制。然而，由于推广范围较小，部分蚕农在养殖过程中难以得到具体的指导，大规模的蚕病在一段时间的沉寂后便卷土重来。当时，受到大规模蚕病的影响，众多怪异离奇的治疗方案纷纷被提出，这些未经验证的治疗方案虽然毫无效果，却帮助一批不法商人攫取了巨大的利润。在巴斯德的方案提出后，这些利益团体倍感压力，于是在蚕病再次暴发期间，利益团体利用报纸对巴斯德进行公然诋毁，给巴斯德的声誉带来了极大的负面影响。

一个清晨，身负巨大舆论压力的巴斯德感到半身麻木，随后因为脑出血被送往医院进行治疗。虽然这次疾病没有夺去他的生命，却使他患上了轻微的瘫痪。在返回巴黎休养两个月之后，行动不便的巴斯德急切地让助手将他送回加尔，因为又一年的春天即将来临，新的养蚕季节就要开始了。

回到加尔的巴斯德凭借着惊人的毅力对观察报告与实施方案进行了系统地梳理和完善，并坚定地在法国农业部和皇室的支持下进行大规模宣传。这一年，法国养蚕业用一场十余年未见的大丰收无可辩驳地证明了巴斯德养蚕法的正确性。很快，就连意大利、奥地利等地的蚕农也学到了他的方法，开始自发地应用起来。巴斯德再一次用一场奇迹般的胜利挽救了一个行业。这些关于蚕病的预防方案至今仍然被众多国家所采

研究所内展品

用并奉为圭臬。

蚕灾顺利解决，但巴斯德却没有停止思考的脚步。通过六年的观察，他注意到一个细节：病蚕在死亡时所散发的气味与受外伤的病人伤口化脓时的气味十分相似。在当时的欧洲医学界，化脓普遍被认为是伤口自愈的过程，众多医生在为病人包扎时，甚至重复使用沾满脓渍的绷带。巴斯德从切断蚕病传染途径的过程中联想到，人类的化脓过程实际上同样是一种病菌感染的危险过程。为了最大限度地减少细菌微生物的感染，手术时做好器具的消毒便尤为关键。巴斯德郑重地向医学界提出建议，在手术治疗的过程中，应对手术用具、双手、衣物、绷带等进行杀菌，并尽量在洁净的环境中进行手术，避免空气带来的微生物污染。得益于巴斯德在科学界的权威和地位，这个建议被当时诸多医生采用，掀起了医学界的一次大变革。巴斯德由此也开始涉及医学领域，对最为熟悉的人体展开新的探索。

"一种疾病，一种病菌，一种疫苗！"

在治疗蚕病上的巨大突破使得巴斯德不仅在化学界与微生物界声名鹊起，更令他得到了法国农业部和农民们的信任和青睐。在农业部看来，巴斯德更像是一位无所不能的高明兽医专家。不久后，一个新的任务摆在巴斯德面前，农业部希望巴斯德可以对流行于鸡群中的鸡霍乱病进行研究，以提供有效的治疗与预防措施。

有了之前克服蚕病的经验，巴斯德在鸡霍乱病的研究上显得游刃有余。他对病鸡进行解剖检查，显微镜中清晰地呈现出了这种疾病的元凶——鸡霍乱杆菌。在此基础上，巴斯德依靠之前的经验提出了焚烧或深埋病死动物，将患病动物与健康动物隔离，并对鸡舍进行彻底消毒的防治措施。农业部的任务顺利完成，农民们对巴斯德充满感激，但巴斯德却没有止步于此，一个实验中的细节令他有了全新的思索。

在研究鸡霍乱病的过程中，巴斯德记载了一条有趣的实验记录：在对鸡霍乱杆菌进行培养研究的过程中，有一批细菌因为在实验室搁置时间过长，导致其活性大大减弱。后来因为实验人员的疏忽，这批细菌注射进了实验用鸡的体内，由于细菌失去了致病性，因而鸡群并未感染鸡霍乱病。随后为了弥补自己的错误，实验员重新培养了一批高活性的鸡霍乱杆菌在鸡群中注射，然而实验结果发生了巨大差异——普通的实验用鸡在注射后因染病而纷纷死去，而曾被注射过失效细菌的鸡群却依然保持健康。

这个细节令巴斯德感到惊喜，他将这一发现写在自己最著名的报告之一《论由病原微生物引起的疾病》中，并于1880年发表，他特别强调要根据现有的病原微生物来加强对于疫苗的研究。从此之后，"疫苗"这个名词开始进入医学史，并真正被人们所重视。

真理的提出往往伴随着纷杂的反对与质疑之声，毕竟将致病的细菌注射进体内以达到预防目的，在当时的科学研究视野下难以被人理解。在经历过多次颠覆性的尝试之后，面对学界的质疑，巴斯德知道，单凭一篇论文和简单的口述不足以将真相阐明。他选择与农业协会合作，展开了一场验证疫苗有效性的公开实验。巴斯德将五十只健康的羊分为两组，一组为其注射致病性大大减弱的炭疽病菌，一组不做处理。两周后，再为两组羊同时注射高活性的炭疽病菌。在众目睽睽之下，提前注射过弱致病性细菌的羊群保持了健康，而另一组羊群却全部死亡。① 面对实验结果，任何反对辩驳都苍白无力，农民们欢呼雀跃地迎接养殖业的新救星，新的防疫方法如潮水般席卷整个法国，瘟疫对法国养殖业造成的损失在几年之内便减少了九成。巴斯德也在公开实验的一年后当选为法国科学院院士，这在当时的法国是一位科学研究者能够获得的最高殊荣。

此时的巴斯德，已经获得了社会所能赋予他的最高荣誉，然而在科学的殿堂中，攀登却是永无止境的。从葡萄酒到蚕，再到家畜，巴斯德

---

① 参见德布雷. 巴斯德传[M]. 姜志辉，译. 北京：商务印书馆，2000：451—454.

巴斯德研究所内展品

所经手的“患者”越来越复杂，巴斯德开始畅想，人类对于当时无法治愈的绝症是否真的无计可施。他将目标对准了当时尚无任何有效治疗方案的烈性传染病——狂犬病。

狂犬病的恐怖不仅仅在于患者临终时所表现出的一系列癫狂痛苦的症状，更在于其几乎不可治愈的特性。巴斯德和助手们在实验室的显微镜下对样本进行观察，然而结果却令人失望。狂犬病是由感染狂犬病毒导致的，但在当时的技术水平下，比细菌要小得多的狂犬病毒根本无法用显微镜观测到。巴斯德所面对的，是一种看不见的可怕“敌人”。同时由于狂犬病的潜伏期跨度极大，对研究发病原理造成了巨大的困难。或许是巴斯德的坚持感动了幸运之神，巴斯德与其助手无意之中发现了将病犬脑髓置于干燥通风的玻璃瓶中以减弱病毒活性的方法，通过干燥法，巴斯德得到了可控的、失去活性的狂犬病毒。然而，巴斯德之前面对的患者都是昆虫或动物，对于疫苗在人体上的实验，巴斯德却陷入了两难的境地。将一种尚未确定其效果的治疗方法实施于人体，让无辜之人承担风险，这让巴斯德停止了试验。在拒绝了众多志愿者的申请后，巴斯德决定用自己的身体进行试验。然而这项用自己身体试验的计划尚未实施，一个危急的病患出现了。

1885年7月，一个被疯狗刚刚咬伤的小男孩梅斯特被母亲送往巴斯德的实验室。虽然尚未表现出发病症状，但咬伤男孩的狗已经被确认是疯犬无疑。巴斯德在犹豫之中，联系到自己身边最信任的医生进行会诊，会诊的结果是，放任不管的后果远比注射这种新型疫苗要更加严重。

在周密的准备和众人的见证下，巴斯德为梅斯特注射了自制的狂犬病疫苗。从毒力最弱的干燥十四天后的病毒疫苗，到仅存放一天的狂犬脑髓，在两周内巴斯德为其接种了13次。20天后，男孩回到了家中，恢复健康，一切正常。

这一天，人类历史上首次成功地战胜了狂犬病！

巴斯德的新疫苗战胜狂犬病的消息通过报纸扩散到全国，数千名狂犬病感染者急切地涌入巴黎，等待着巴斯德的治疗。巴斯德一视同仁，对狂犬病患者进行医疗指导，仅有几位患者因送诊时间过晚而不幸离世，数千人的生命得以挽救。但巴斯德的实验室此时已经难以容纳如此庞大的病人群体，经过深思熟虑，巴斯德筹划建立一所专门针对疫苗研究的研究所。巴斯德的设想得到了社会民众的极力支持，源源不断的捐款汇

巴斯德故居内景

入巴黎。三年之后，一所规整的建筑拔地而起，巴斯德将其命名为“巴斯德研究所”，而报纸媒体却更喜欢这样一个纪念性的名字——“狂犬病宫”。

这所建筑见证了人类医学史上免疫学理论的逐步清晰完善，抗白喉血清、抗破伤风血清、斑疹伤害疫苗、脊髓灰质炎疫苗、抗蛇毒血清……一项项新型疫苗在这里诞生，一种种疾病在这里被攻克。“一种疾病，一种病菌，一种疫苗！”巴斯德及其后学高声向世界宣告，面对疾病束手无策的时代即将过去。在研究所的落成典礼上，巴斯德因脑出血再次发作已经无法开口发言，却满怀激动地长久望着这所凝结了他毕生心血的科学殿堂。临终前，巴斯德拒绝了安葬在先贤祠的无上荣耀，而是选择长眠于研究所的地下室中，与一生追求的科学信仰永久相伴。

故事的最后，让我们走进这栋在科学史上熠熠生辉的研究所，在见证了人类微生物研究的璀璨历史的建筑砖瓦中，感受这位科学家所走过的辉煌人生。阳光下的研究所掩映在绿荫之中，古朴的欧式建筑风格、红墙蓝瓦的外观透露着宁静与祥和，让人难以想象在这栋建筑中，众多研究者正与凶险的疾病做着顽强斗争。巴斯德的塑像在远处矗立，安详地注视着每一位后辈研究者的到来。走进建筑内部，整齐划一的实验室布局延续着巴斯德一丝不苟的个人风格，人们在走廊之中往来穿梭，不时驻足注视前辈科学家们所使用过的实验器具。这些仪器如今看来简陋不堪，但正是这些仪器，帮助巴斯德及其助手们敲开了微生物研究的大门。一位见证者在日记中记载了巴斯德的实验情景：每次实验开始前，在采集疯犬样本的过程中，实验台上始终摆放着一把上膛的手枪，如果有人不幸被咬，那么其他人有责任以此来结束他的痛苦。[①] 一面国旗被放置在研究所中，巴斯德对他所深爱的祖国始终保持着永久的忠诚。作为一名出色的化学家，为了祖国人民的福祉，他不惜冒着生命危险，毅

① 参见德布雷. 巴斯德传 [M]. 姜志辉，译. 北京：商务印书馆，2000：487.

然走上了抗击传染病的危险之路。在普法战争爆发期间，面对普鲁士强占法国领土的侵略行为，他辞去了普鲁士波恩大学名誉教授一职，退还了普鲁士颁发给他的学位证书，并说出了那句掷地有声、响彻寰宇的宣言：“科学没有国界，但科学家有自己的祖国。”

从小城汝拉的鞣革作坊到首都巴黎的巴斯德研究所，巴斯德 72 年的人生犹如一场追逐科学的马拉松，他总是在不知疲倦地向科学殿堂的更高处奔跑。两座与众不同的建筑成为巴斯德一生的缩影，这位改变人类历史的伟人所取得的科学功绩，将如同建筑的磐石地基一般，支撑着人类科学事业不断向前、永恒推进。今天，生物学与医学已经在各自领域实现了巨大的飞跃，微生物的研究早已突破浅层的认知而深入基因研究的探索之中，无数新的疾病被科学家们发现、研究并加以遏制，人类对于世界的认识与百余年前相比，早已不可同日而语。但这些站在巨人肩膀上的研究让我们更加缅怀过去，更加崇敬这些为人类探索世界而开疆拓土的先驱者。巴斯德将自己拼搏求索的一生燃成了一束科学的火炬，无数后辈们手持火炬，传承先贤精神，沿着科学的道路继续砥砺前行。

（撰稿：刘琛）

参考文献

德布雷. 巴斯德传 [M]. 姜志辉，译. 北京：商务印书馆，2000.

怀特. 弥合裂痕：流行病学、医学和公众的卫生 [M]. 张孔来，译. 北京：科学出版社，1995.

拉图尔，伍尔加. 实验室生活：科学事实的建构过程 [M]. 张柏霖，刁小英，译. 北京：东方出版社，2004.

佩罗，施瓦兹. 巨人的对决 [M]. 时利和，译. 深圳：海天出版社，2018.

克鲁伊夫. 微生物猎人传 [M]. 余年，译. 北京：科学普及出版社，1982.

孙军德，杨幼慧，赵春燕. 微生物学 [M]. 南京：东南大学出版社，2009.

瓦莱里－拉多. 微生物学奠基人：巴斯德 [M]. 陶元德，董元骥，译. 北京：科学出版社，1985.

法布尔

法国南部小镇塞利尼昂有一块荒芜的不毛之地。与普罗旺斯漫山遍野的薰衣草花海不同，它遍地的石头显得那么迷人和神秘。尽管这里靠近地中海，能够享受到地中海吹来的清风，但与普罗旺斯地区相比，这里气候比较干燥，地势崎岖陡峭，砾石遍布。这里没有光彩夺目的薰衣草，只有色如铁锈的葡萄和油橄榄，以及一些零星的灌木丛。在这些植物丛中，有一座黯淡低调却让人无法忘却的雕像。这座雕像建得颇为高大，但塑造的却是一个瘦小佝偻的老人形象。这个人就是“昆虫界的荷马”——让·亨利·卡西米尔·法布尔。高大朴实的雕像被一簇簇绿草包围着，在绿色植物的映衬下，法布尔的雕像显得更加深沉。塞利尼昂的气候也许不适合一些美丽植物的生长，但却是昆虫的“家园”，也是法布尔研究的“天堂”。正是在这个朴实无华的小镇，法布尔写下了影响世界的著作——《昆虫记》。

法布尔的《昆虫记》不仅是一部囊括昆虫的种类和特性的生物学著作，也是一部描述昆虫日常生活和“情感经历”的文学著作。法布尔笔下的昆虫不仅仅是只会简单动作的节肢动物，更是有着自己生活习惯和思维方式的生物。在法布尔的描述中，昆虫是有灵性的。而除了关于昆虫的一切，这部书还记载着法布尔痴迷昆虫研究的动因、生平抱负、知识背景、生活状况等内容。法布尔将昆虫的多彩生活与自己的人生感悟融为一体，用人性的思维解读昆虫的一举一动，用奇妙的想象描绘昆虫的生平事迹。这部书不仅向人们展示了昆虫界的奇幻生活，也透露出法布尔对生命的尊敬与热爱。

塞利尼昂是法布尔的“昆虫基地”，他在这里度过了生命中很长的一段时间，同时也是他最专注于昆虫研究的一段时间。1879 年，55 岁的法布尔在塞利尼昂买下一座房子，开垦了一片园地，从此开始了专注于昆虫研究的“隐居”生活。昆虫是他的研究对象，也像是他的家人一般。这里没有多余的人和事，法布尔每天的活动就是观察各类昆虫的生活以及和昆虫进行“交流”。这些点滴的观察都是他继续写作《昆虫记》的宝贵材料。

如果说薰衣草是法国永远的标志，那么法布尔就是这个国家永不褪色的一张名片。《昆虫记》的出版不仅让法布尔名声大振，也让世人了解到了以往几乎从未留心观察过的物种——昆虫。法布尔让人们知道在

法布尔故居（法国塞利尼昂）

故居小院

美丽动人的花朵绿植之外，还有一些并不起眼却颇为有趣的各类昆虫。只要有适宜的环境，就会有昆虫生存的空间。并且，有的时候，哪怕没有合适的条件，昆虫们也会用智慧去开拓属于自己的一片天地。而只要我们留心观察，就能亲眼看到法布尔所描述的昆虫界的“爱恨情仇”。

初探自然

事实上，法布尔和昆虫的故事并非开始于塞利尼昂。早在法布尔年幼时，就已经埋下了梦想的种子——研究昆虫。法布尔在塞利尼昂度过了大部分的时光，但这里并不是他出生的地方。1823 年冬天，法布尔出生于法国南部一个名叫圣莱昂的小村庄。村庄山清水秀，风景优美。这里的土地不算肥沃，地势也不是很平坦。起伏的山地上有远古时期留下的历史遗迹，也有村民们种植的农作物，还有各种鸟类和昆虫。因为地处偏远，偶尔还会有野猪光顾。纯朴野性的乡村风景是大自然给这个小村庄的馈赠，也是一份赠予法布尔的独特的礼物。

不过，还没等法布尔对圣莱昂的草木鱼虫有更深一步的了解，父母就为了减轻家庭负担把他送到了祖父家。祖父家在一个比圣莱昂还要偏僻的小村——马拉瓦尔，位于海拔近一千米的高山上，周围没有邻居，只在远处有零星的几个村庄，离集市也很远。偏僻荒凉的马拉瓦尔在现代人看来也许是无法忍受的苦境，但对法布尔来说却是可以肆意玩耍的乐园。路边的水池，山坡上的野花，满地乱跑的家禽牲畜，都是法布尔最愿意为之驻足的风景。而那些偶尔飞过的野鸟，花丛中忙碌的蜜蜂，夜晚啁啾鸣叫的不知名的昆虫，更是引起了他的强烈兴趣。法布尔白天在田里看蜜蜂劳动，夜里入迷地倾听昆虫们的和鸣。昆虫的叫声千百不一，法布尔越听越好奇：这个叫声如此尖利的是什么昆虫？那阵断断续续的鸣叫又属于怎样的虫子？这会儿的叫声那么激烈，是不是它们打起来了？法布尔每个夜晚都沉醉于这样的昆虫合奏曲中。

虽然马拉瓦尔地处偏远，交通闭塞，但法布尔的生活却过得很快乐。白天他跟着祖父去田里种地，晚上回家就可以吃到祖母准备好的饭菜。冬天的晚上天黑得早，吃过饭，法布尔就会坐在火炉边，听祖母讲故事。这里的生活虽然简单，却给法布尔留下了美好的回忆。

由于马拉瓦尔实在太偏远了，没有学校，7 岁的法布尔无法上学读书，于是父母把法布尔接回了身边，并送到了村里的小学读书。在课堂上，法布尔第一次接触到了文字，开始学习字母和单词。但实际上，相比单调的文字，更让法布尔感兴趣的是课本中的图画。光是封面上的一只红爪细嘴的白鸽，就已经让法布尔目不转视。法布尔如饥似渴地翻看各种书中的插图，连教室墙上的图画也不放过。对图画的沉迷影响了法布尔的学习进度，他对那些或弯或直的字母提不起一点兴趣。

虽然这里比马拉瓦尔条件稍好，能够组建学校，但实际上学校的设施非常简陋。这所学校是法布尔的教父李克耳创办的，学校里的老师一只手的手指就能数得过来。老师除了要给孩子们教授知识，还负责村里的其他任务，例如给教堂打钟，给新人主持结婚仪式，给村里人理发。每当老师们因为各种杂事缠身而无法到教室上课时，这就成了法布尔愉快玩耍的时间。树上的甲虫、田野里的青蛙、草丛里的蚂蚱，各种有名字没名字、认识不认识的生物，都是法布尔最贴心的玩伴。对法布尔来说，观察这些花草鱼虫是比上课更有意思的事情。

法布尔的调皮让父母很是担心。他们原本想着让法布尔好好读书，将来不要像他们一样面朝黄土背朝天，但法布尔的心思显然不在学习上。为此，父亲苦思冥想，最终想出了一个办法。父亲去集市上给法布尔买了一本字母书，每一个字母的旁边都有一幅图片，画的是以这个字母开头的动物。法布尔对这本书很是喜欢，不需要人教，看着图片上的动物，自己就能把字母读出来。依靠这本书，法布尔在最短的时间里学会了 26 个字母。这本带有插图的字母书是法布尔学习的开始，也是他认识动物的启蒙。法布尔父亲的初衷仅仅是帮助孩子学习字母，却没想到这也是促使孩子成为昆虫学家的关键一步。

法布尔的父母并不支持他对昆虫的爱好，他们考虑得更多的是家庭的温饱问题。为了缓解生活压力，法布尔家里养了各种家禽，其中最可爱的是一群毛茸茸的小鸭子。法布尔每天的任务就是带小鸭子去河边游泳。小鸭子在河里欢快游泳的时候，法布尔也没闲着，开始了自己的“探险之旅”。他拿着随手摘的水草，拨弄着水面，扰乱蝌蚪的前进路线，还试图抓几只蝌蚪上来玩耍。树上寻找食物的甲虫、叶子上缓慢爬行的蜗牛，甚至是没有生命的石头，都有可能会因为外形奇特而被法布尔收入囊中。每当法布尔带着这些“收获”回到家时，得到的都是父母的一顿责骂。他们认为法布尔没有好好放鸭子，只顾着自己玩。法布尔不服气地让父母检查鸭子的状况，告诉他们自己把小鸭子照顾得很好。父母看到鸭子一只没少，活蹦乱跳，气也就消了一半。尽管如此，他们还是认为捉昆虫是“不务正业”。

辗转奔波

法布尔抓虫摸鱼的快乐生活随着他小学毕业而结束了。为了让法布

故居外景

尔能够进入中学继续学业，父亲带着全家离开了圣莱昂，来到了罗德兹城。父亲在这里开了一家咖啡馆，总算是有了一个稳定的营生，法布尔也得以进入罗德兹公学开始了中学生活。尽管家里开着店，但微薄的收入仍旧不足以支撑全家人的生活，因此父亲便设法让法布尔在学校的小教堂里担任唱诗班的侍童，这样就能免费上学。

进入罗德兹公学的法布尔，开始接受正规的学校教育。他的成绩还算不错，拉丁文和希腊文都学得很好。也许是唱诗班的经历给了法布尔启蒙，他开始接触诗歌，并且非常喜欢读古罗马诗人维吉尔的作品。维吉尔的诗里描绘的那些美丽景色和理想生活，以及各种动物，都对法布尔有很强的吸引力。维吉尔的诗对法布尔有很大的影响，以至于在法布尔日后的著作中还能隐约看到维吉尔的影子。法布尔因此也被后人称为“昆虫界的维吉尔”。

尽管法布尔学习状态不再像之前那样散漫，但他还是保持着一直以来的爱好——野外探险。在罗德兹郊外有一条叫阿维隆的小河，河边有一片牧场，两岸盛开着紫罗兰和黄水仙。不上课的日子，法布尔就会和

通往故居的小巷

同学去河边玩耍。除了上树摘果、下河捉鱼，他们最喜欢的一项游戏就是给火鸡催眠：抓到火鸡后，把火鸡的头塞在翅膀下，然后使劲摇晃，接着把火鸡放在地上，它就会像睡着了一般，一动不动地躺着。

但是，在罗德兹待了没多久，父亲的咖啡馆就因为亏本而倒闭了，法布尔全家不得不移居图卢兹。在这里，父亲依旧选择了经营咖啡馆，他认为换了地方之后会有好的运气。但没过多久，咖啡馆再次被迫关门。法布尔一家又从图卢兹来到了蒙彼利埃，继续开咖啡馆。对法布尔一家来说，蒙彼利埃是一个热闹熙攘但却陌生的城市，长时间的四处奔波使得全家人筋疲力尽。在这样一个举目无亲的城市，法布尔一家举步维艰。法布尔父亲用尽浑身解数，咖啡馆的生意还是一天不如一天。一连串辗转的开店、关门、迁居使得家里彻底宣告破产，法布尔不得不流浪街头，独自谋生。为了赚钱吃饭，法布尔干过很多杂活儿，在大街上卖过汽水，在菜市场卖过柠檬，甚至还和建筑工人一起修过铁路。夏天顶着炎炎烈日，冬天冒着凛冽北风，法布尔扛着全家的重担艰难地生活着。

漂泊流浪的生活中断了法布尔的学习之路，他没办法再像从前一样坐在教室里学习知识、朗读诗歌，每天陪伴他的只有工作和饥饿。在这段贫困苦难的日子里，只有维吉尔的诗歌和身边的昆虫给法布尔带来一丝安慰。有一次，他在书店里一眼看中了一本勒布尔的诗集，但身上只剩一点吃饭的钱了。几经思考，法布尔还是买下了这本诗集，而他那天的晚餐仅仅是几粒从田里偷摘的葡萄。还有一次，他偶然间在松树上看到了一只漂亮的甲虫，黑棕色的外壳上有着白色的小圆点，拿在手里会发出轻微的窸窣声。这只虫子就是腮角金龟。这是法布尔第一次看见这种虫子,他觉得很新奇,同时也很兴奋。这虽然只是一只指甲大小的甲虫，却让他的“昆虫库”新增了一名成员。法布尔就在这种艰苦的条件下坚持着自己的兴趣爱好。有时候，哪怕第二天的饭钱都还没有着落，法布尔也会抽出时间，去和自己的昆虫朋友打个招呼。也许在外人看来，法布尔一个人谋生活是孤独又凄凉的，但在他自己心里，只要还能继续观察生物、发现新的昆虫，生活就是有盼头的。

教师岁月

尽管生活艰苦，法布尔还是会挤出时间坚持学习。在没有老师指导的情况下，法布尔自己刻苦钻研。几年的漂泊生活不仅让法布尔的内心更加强大，也让他的见识不断增长，尤其是对昆虫方面的认识更是大为提升。就在这种缺衣少食、四处奔波的情况下，法布尔参加了沃克吕兹师范学校的考试并荣获第一名，获得了能帮助他完成学业的奖学金。沃克吕兹师范学校是一所专门培养小学教师的学校，在这里读书无须担心学费和伙食，住宿也是由政府提供。经过几年的流浪生活后，法布尔终于走向了稳定。

这所师范学校与法布尔之前上过的学校很不一样，设施和环境都好很多。但是即使这样，法布尔对学校也并不是很满意，因为课程设置并不合他的意。这是一所专门培养小学教师的学校,课程安排得比较简单，只教授法语、拉丁文、希腊文等基础语言，还有一些简单的数学和几何知识。所谓的物理课只是教一些与农村劳作相关的简单知识，法布尔最喜欢的与植物、昆虫有关的课程更是无人教授。在这样的情况下，法布尔又开始了独自研究博物学的自学旅程。因为法布尔的拉丁文学得很好，校长对他有着很好的印象，因此法布尔得以在校长的特许下进行有关生物的研究。他广泛收集和钻研博物学的书籍，在假日里去乡下采集标本。夹竹桃、金鱼草的果壳，胡蜂的螯针，甲虫的鞘翅，等等，都是他观察的对象。法布尔还曾经在假期里穿过孔塔村，徒步二十几公里到沃克吕兹的山洞中过夜。他和这里的一切相处融洽。

从师范学校毕业后，法布尔开始在卡庞特拉市立中学的附属小学教书。尽管有了稳定的工作，可是法布尔的生活没有得到很大的改善。小学教员的薪酬很低，每年只有大约700法郎，而当时物价又非常高。同时，学校的环境也很差，房屋破旧不堪，房间窄小逼仄；院子被高墙围着，不见阳光；教室阴暗潮湿，只有一把破旧的椅子、一块黑板和一支粉笔。这样的环境对教师的教学是极大的挑战，对学生的学习也有很大的影响。而事实上，这里的学生对学习也没有多少兴趣。因为缺乏管教，学生们大都衣着肮脏、举止粗鲁，每天只会调皮捣蛋，根本不专心听课。尽管如此，法布尔还是保持了极大的耐心。他用自己独特的教学方法，在游戏中教给学生们知识，还教会他们日常的礼仪。他不仅教学生们写字和算术，还把自己所知道的其他知识，比如一些植物学、昆虫学的知识，传授给他们。在法布尔的努力下，这些原本调皮淘气的学生有了长足的进步，不但行为举止有了很大改善，学习成绩也有了很大提高。许多学生以优异的成绩被艾克斯工艺学校和沃克吕兹师范学校录取，卡庞特拉市立中学附属小学也因此声名大振，获得了前所未有的声誉。法布尔之所以能取得这样的成绩，不仅是因为他有出色的学习能力和不凡的教学能力，更是因为他对待工作有极大的热情。

但是，法布尔并不满足于此。他不想待在这所学校做一辈子小学教员，他想向更高的平台发展。有一次，一位与法布尔年龄相仿的青年由于想报考土木工程系，来向他请教代数。在这位青年看来，法布尔有着

法布尔故居正门

渊博的知识，数学也应该是他的强项。殊不知法布尔对代数一窍不通。经过一番考虑，法布尔决定和这位青年一起学习代数：法布尔先自学，再给这位“学生”讲解。因为这个偶然的机会，法布尔迷上了数学。法布尔的邻居蒙彼利埃是位退役军官，正准备考取数学学位，于是法布尔一有机会就向他请教。就这样，过了一年多，法布尔和蒙彼利埃一起取得了数学学士学位。获得学位的法布尔并不满足，他决定继续攻读硕士学位。在法布尔的不懈努力下，他又取得了两个硕士学位，并获得了数学和物理教授的证书。

不得不说法布尔的学习能力是超乎常人的。在那样艰苦困难的环境下，他不但坚持着昆虫的研究，还依靠自学取得了两个硕士学位。或许在很多人看来，取得数学和物理学的学位对昆虫的研究没有什么帮助，甚至法布尔本人在年轻的时候也有过这样的想法，他在读师范学校的时候数学成绩并不是很好，还差点因此毕不了业。但是，获得这两个学位，或者说是这两门科学的知识对法布尔的帮助，在日后的研究中越发显现出来。

再次漂泊

得到教授证书后，法布尔向教育局申请升任中学教师。经过一番周折，终于，阿雅克肖市立中学空出了一个物理教员的岗位，教育部发出调令派法布尔前往。这个职位的薪酬也不是很高，一年只有 1800 法郎，但相对之前的 700 法郎已经有了很大的提高。

法布尔生前收藏

就这样，法布尔来到了阿雅克肖市，来到了科西嘉，开始了安静的新生活。科西嘉是法国的一个省份，位于地中海的科西嘉岛上，阿雅克肖市是科西嘉的省会。科西嘉岛四季如春、气候宜人、风光绮丽，生命旺盛、植物茂密的小岛风光深深打动了法布尔，他一来到科西嘉便爱上了这里原汁原味的大自然。幽深葱郁的树林，高低起伏的山峦，四处盛开的野花，徐徐吹来的海风，都令法布尔心醉神迷。这充满生机的环境又一次激起了法布尔研究生物学的兴趣。

在科西嘉岛稳定下来之后，法布尔重新开始了他的生物学研究。这里除了常见的陆地生物之外，还有别处很少见到的海洋生物。法布尔的住处在海边，每到清晨和傍晚，他都会在房间里看潮涨潮落，聆听海浪的声音。有空的时候，他还会到海滩上散步、捡贝壳，法布尔收集了各种各样的贝壳。不论是陆生的还是水生的,活着的还是已经变成化石的，都是法布尔的收集对象，他甚至还给弟弟和朋友写信，让他们给自己寄来外地的各种贝类。他把所有能找到的贝类都收集起来，对它们进行分析、描述、归类和搭配。这些贝壳不是简单的摆设，而是他研究对比的重要实验品。例如，在对各种贝壳的对比研究中，法布尔发现了贝壳在不同的地质环境中会有不同的生长结果。此时他已经在计划撰写一部关于科西嘉贝壳的书籍。

在沉迷于贝壳研究的同时，法布尔也没有忘记继续学习数学。不同于之前，这个时候的数学学习对于法布尔来说是一种消遣和思维的启发，在发现一个图形或一条曲线的特性后，他会联想到这个图形在其他方面的应用。早先备考打下的数学基础让法布尔的思维得到了很好的锻炼，对他现阶段的生物学研究有着极大的帮助。这些由数学引申出的其他问题在法布尔的脑子里形成了一串独特的链条，带动了他在其他方面的研究。在法布尔看来，“代数可以抒发最豪迈、最奔放的情怀，解析几何的图形是精美的诗句，椭圆形是行星的轨迹，双曲线的两个‘焦点相互排斥，绝望中的曲线如同两只触角向四周无限延伸，坠入空间，越来越接近一条直线——渐近线’，抛物线‘徒劳地不停寻找失落的第二焦点，这是炸弹的轨迹，也是某些彗星的轨迹，它们有一天前来造访我们的太阳，随后远远地逃离，坠入深渊，再不回头……’”[①] 法布尔的诗人天性在数学领域也显露无遗，枯燥简单的数字和图形如他笔下的昆虫一般，有了属于自己的思想和情感。

正是在这一时期，法布尔结识了阿维尼翁著名的植物学家雷基恩。这位退休的植物学家学问高深，因此法布尔决定拜他为师，跟随他学习植物学。在雷基恩的指导下，法布尔记住了大量从前没有听说过的植物名称，并且接触到了科西嘉丰富的植物资源，收集到了大量第一手材料。但是没过多久，这位良师益友就去世了。第二年，法布尔在机缘巧合下认识了莫坎·坦登。莫坎·坦登因为接手了雷基恩的研究工作而来到科西嘉，继续整理有关科西嘉植被资源的完整目录。莫坎·坦登教授不仅是一位优秀的博物学家，也是一位学识渊博、口才出众的学者。与莫坎·坦登的结识对法布尔日后的研究产生了巨大的影响。在坦登教授

① 勒格罗．法布尔传 [M]．杨金平，马雪琨，乔雪梅，等译．北京：商务印书馆，2016：30.

的带领下，法布尔对博物学研究有了更深刻的认识，同时还得到了写作方面的指导。在教授的引导下，法布尔不再仅仅为了满足好奇心而收集、研究那些死亡的简单材料，而是开始致力于此前从未做过的解剖工作。法布尔把小虫子当作标本，一点点地剖开分解。“手术”的工具也很简单：解剖刀是用细针磨成的，解剖板是一个茶杯底碟。在这些简单的解剖实验中，法布尔发现了更为复杂神秘的昆虫世界。

尽管不久之后因为工作调动，法布尔离开了科西嘉重新回到阿维尼翁教书，但他对科西嘉的生活仍旧十分留恋。法布尔在科西嘉岛生活了一年多，这将近四百天的岛居生活让法布尔回味无穷。他不止一次地回忆在这座岛上生活的场景。在给弟弟的信件中，法布尔曾经感叹过科西嘉的环境：“这些花岗岩山脊饱尝恶劣天气的侵袭，被雷电劈成锯齿状……巨大的山坡上覆盖着十米、二十米、三十米厚的皑皑白雪，结冰的小溪沿着山坡蜿蜒而下，一滴一滴地流入火山口，汇成湖泊。它们在阴影里看上去像墨水一样黑，在阳光下却又和天空一样蓝……”①

定居“荒石园”

从师范学校毕业之后，法布尔一直担任教师。无论是小学教师还是中学教师，法布尔都游刃有余。因为显著的教学成绩，他得到了教育界的认可和赞赏。但在法布尔心里，最渴望的，还是能够专心于博物学的研究。然而，长期的教学生活给他带来了声誉，却没有带来财富。仅仅依靠微薄的薪水，这个梦想怕是一辈子都没办法完成了！但是，上过学堂也搬过砖的法布尔认为，实现梦想的道路虽然坎坷，但只要有心，就还是会有希望！而他用三十年时间写就巨著《昆虫记》，就是他实现梦想的道路上最为重要的一步。

① 勒格罗．法布尔传[M]．杨金平，马雪琨，乔雪梅，等译．北京：商务印书馆，2016：27.

法布尔故居外景

法布尔从事过教科书的编写工作，同时他也会写一些科普读物。这些科普读物是他向学生传授知识的一个途径。法布尔的科普读物简单明了又不失趣味，很受大众尤其是青少年学生的欢迎。在编写读物的时候，法布尔萌生了写作一本大部头昆虫书的想法。这个时候，法布尔因为与教会意见不合而提出了辞职。与此同时，普法战争爆发，于是他决定离开学校。在好友约翰·穆勒的帮助下，法布尔离开阿维尼翁，搬到了奥朗治。奥朗治宁静闲适的乡村风光让法布尔能够更加专注于昆虫的研究，他下决心要全力以赴探索昆虫世界里的未知领域。编写昆虫书的想法也随着他的坚定决心而重新显现。

经过一番整理和准备，1878年，法布尔终于出版了这部昆虫书。他把这部书定名为《昆虫记》第一卷。或许有人会惊异于法布尔的工作效率，这么大工作量的书，竟然说写就写了出来。但实际上，这部书是他开始研究昆虫以来二十多年的资料积累。这部书不仅承载着法布尔的梦想，更凝聚着他二十多年来的汗水和心血。《昆虫记》第一卷的出版引起了市场的轰动，读者们非常喜欢这部语言通俗生动并充满科学知识的读物。读者的追捧让法布尔受到了莫大的鼓舞，他紧接着又开始了

第二卷的写作。然而，天有不测风云，就在法布尔的事业蒸蒸日上之时，法布尔家里发生了一件不幸的事：他的儿子朱尔因病去世了。朱尔是法布尔钟爱的大儿子，天性敏捷聪慧，从小就对生物和文学有浓厚的兴趣，对植物的研究也有独特的见解。爱子的离世对法布尔来说是个沉重的打击。此后，法布尔更加忘我地读书、研究、写作，借工作使自己忘记伤痛。就在这样的情况下，法布尔完成了《昆虫记》第二卷的写作。

法布尔雕像

凭借出版《昆虫记》得到的稿费和工作多年攒下的一些积蓄，法布尔终于在塞利尼昂置下了一份产业。说是产业，其实也不过是一栋破败简陋的房子和一块废弃的土地。这片土地贫瘠得只有一些生命力顽强的植物才能够生存下来。然而，在法布尔的打理下，这片杂草丛生的土地竟成了独一无二的昆虫世界，他把这个小天地叫作“荒石园”。法布尔找来耐风抗旱的植物，如鼠尾草、岩蔷薇、矢车菊等，还有各式各样稀奇古怪的植物，如棕榈、海藻、百合花等，种植在“荒石园”里。此外，他还另建了一间温室，里面也种满了各种珍奇植物，如风信子、秋海棠、山茶花等。法布尔的“荒石园”这下成了“百花园”，塞利尼昂的居民们都来欣赏这些少见的新奇物种。除了植物，这里的昆虫种类也很独特，法布尔经常能在这里发现出乎意料的昆虫种类。

其实法布尔也考虑过将家业安置在别的地方，例如离塞利尼昂不远的卡庞特拉村，但最终他还是选择了有着奇特物种的塞利尼昂。塞利尼昂的这座小房子和小园子就是法布尔半生奔波后的伊甸园，他白天在

故居标识牌

这里做研究，晚上就在屋里听园子中的虫鸣。为了生活得更加自在，他谢绝一切邀请，甚至是亲朋好友的简单宴会。他非常享受在这里的生活。在此后三十多年的时间里，他把所有精力都投入到了物种研究的工作中，没有走出过塞利尼昂半步。他最远的行程也许就是去园子里看他的虫子们。对他而言，和昆虫们的相处就是最有用的社交，从这种交流中他不但可以得知它们的生活习惯，还能不断发现其他新的生物知识。无论是万物复苏的春天还是百虫安眠的冬天，塞利尼昂的山野丛林中都留下了法布尔勤恳工作的身影。直到 1915 年 10 月 11 日，法布尔在塞利尼昂与世长辞。

不了解法布尔的人可能会认为他是一个不合群的怪人：不参加派对，不接受邀请，甚至也不出门社交。但在熟知法布尔的人眼里，他是一个勤恳敬业、和蔼可亲的老人。他去世后，人们依照他的喜好在棺材旁边摆放了各种植物做成的花环，社会各界的知名人士都前来悼念。如今，塞利尼昂当初窄小的马路已经翻修了无数次，展现出一派光鲜亮丽的景色。马路两边的植物在风雨中不断换代，长得越发茂密。人们或许弄不清法布尔的“荒石园”里有多少种植物、多少种昆虫，但人们永远记得法布尔在昆虫研究上做出的巨大贡献，记得他所描绘的那个引人入胜的昆虫世界。

（撰稿：张亦芹）

参考文献

勒格罗. 法布尔传 [M]. 杨金平，马雪琨，乔雪梅，等译. 北京：商务印书馆，2016.

陶莉. 法布尔 [M]. 徐亚倩，译. 上海：少年儿童出版社，1963.

吴牧铃. 世界巨人传记丛书·科学家卷. 法布尔 [M]. 深圳：海天出版社，1997.

王思宇. 法布尔 [M]. 石家庄：花山文艺出版社，1998.

赫胥黎

五月的伦敦气候舒爽宜人，漫步在城区小道，置身于熙攘的街头，满目的葱绿苍翠，使这座古老的城市焕发出生机与活力。随日光前行，由东向西，落脚于伊令，借助夕阳的最后一抹余晖，拜会一个古老而又有声望的家族，你的身心会受到极大的宽慰与震撼。1825年5月，伊令诞生了一位杰出的思想家——托马斯·亨利·赫胥黎。他的出现，也与中国的命运紧紧相连：在19世纪思想急剧变动的时代，中国的启蒙思想家严复翻译其《进化论与伦理学》中的一部分为《天演论》，影响了一代中国人的世界观，自此“物竞天择”“适者生存”“优胜劣汰”成为中国人所熟知的词语，沿用至今。

站在赫胥黎故居门外，感受到的是静谧朴素。大隐隐于市，这是托马斯·亨利·赫胥黎居住的小屋带给人的感觉。赫胥黎在这所小房子里生活了17年，直到1842年他从伊令搬到伦敦。对赫胥黎来说，伊令是他的家乡，也承载了他所有的童年回忆。从伊令走出的赫胥黎，最终成为举世闻名的博物学家、教育家。伊令以赫胥黎为荣。马克思称赫胥黎为19世纪下半叶英国的“一

赫胥黎故居（英国伦敦）

位科学界权威”。列宁认为，赫胥黎的“不可知论实质上掩藏着唯物主义”。

细看之下，如帘幕般覆罩在门框周围的植物茂密繁盛，使下面窄小的铁栅栏看上去弱不禁风，它们承载着岁月的厚重，却未留下苍老的痕迹。从门廊两边透明的玻璃窗向里望去，庭院内生生不息的树木花草与屋内明亮的灯光交相辉映。茂密的植物似无人打理，疯狂地自由生长，枝蔓相互交错，可当我们置身其中，方发现每一株植物都有属于自己的空间，都静静地享受着自己这一方天地的空气与阳光。屋内陈设简单却也井然有序，彰显出主人的严谨与安然。你无法想象，就是在如此静谧无争的环境中，赫胥黎喊出了“物竞天择，适者生存”的口号，他一生作为“达尔文坚定的追随者”，身体力行地推进进化论的传播；你也无法想象，也是在这所看起来如此朴素与静谧的小屋，继托马斯·亨利·赫胥黎之后竟相继孕育出作家阿道司·赫胥黎，生理学家、诺贝尔奖得主安德鲁·赫胥黎等时代骄子。备受命运女神眷顾的赫胥黎家族，在惊艳了近两个世纪的岁月后，仍然在书写着属于他们的传奇。我们的故事，由这位家族创始人——托马斯·亨利·赫胥黎开启，从头经历“大家之家”开创者的人生轨迹，与时光同行。

远航海洋

1825年5月4日早上8点左右，托马斯·亨利·赫胥黎出生于伦敦伊令。约200年前的伊令，只是“一个当时在海德公园之角半英里内随处可见的宁静小乡村”[1]，后来，逐渐发展成为伦敦的郊区，居民人数不断增长。在赫胥黎独自撰写的回忆录与对话集中，与伊令有关的文字，都是他童年家庭生活的记录。

在赫胥黎的成长过程中，他的父母对他产生了重要的影响。据他的自传描述，父亲乔治·赫胥黎是伊令当地一所颇有名望的半公立学校的教师，赫胥黎身上的绘画才能、执着品格都继承自父亲，而从母亲那里得到的是聪慧敏捷的天赋。后者让赫胥黎非常自豪。他曾说过，如果他有机会重来一次，他最想要继承的还是母亲的智慧。父母智慧的馈赠使他受用终生。赫胥黎有7个儿子，儿子们都觉得父亲是一位良师益友。在孩子们的记忆中，赫胥黎会给他们讲关于大海和动物的故事，也会画很多奇怪的图画。赫胥黎的小儿子曾经写道，当他患上猩红热的时候，他最期望的是父亲能够回家：“我特别向往晚饭后那半小时的美好时光，因为那时他总会来到我身边，给我画蓝色小猎犬，并讲述它的家人如何像人类一样跑到海边玩耍的故事。某天晚上，我一不小心睡着了，从而错过了这梦幻般的半小时，对于我来说，这无疑是最伤心的事情了。”[2]

在自传中，赫胥黎对于自己所受的痛苦与磨难只是轻描淡写地说了几句，更多的是以乐观积极的态度向读者传递希望与幸福。于是很多人

① 赫胥黎. 赫胥黎自述：物竞天择，适者生存[M]. 陈可，译. 南昌：江西教育出版社，2012：26.

② 赫胥黎. 赫胥黎自述：物竞天择，适者生存[M]. 陈可，译. 南昌：江西教育出版社，2012：12.

往往会忽略赫胥黎成功背后的艰辛与坚持，而把注意力集中在他的天赋与机遇上。当然，天赋和机遇是一个人成功的重要因素，但却都是成功的充分条件而不是必要条件。赫胥黎在17岁之前并未接受系统的正规教育，17岁考入查令十字街医院时凭借的全是自学。赫胥黎成功的必要条件是对真理的渴望、对事实的探寻，以及孜孜不倦的努力和追求。

1842年，考入查令十字街医院之后，赫胥黎总是尽一切可能地寻找并阅读书籍，记录自己的心得体会，主动与长者和智者交流，探求事物的缘由。不仅如此，他还经常反思自己的做法，不断地积累经验，吸取教训。由于忘我的学习和实验，在显微镜下投入过长的时间，以至于靠近他座位的那扇窗户被同学戏称为“一幅只有脑袋和显微镜的画”①。赫胥黎在1845年的《医学报》上发表了第一篇科学论文，阐述了毛发内鞘中无人发现的一层构造，此后该层构造即被称为“赫胥黎层”。1846年早春时节，赫胥黎完成了规定的医学课程并且通过了伦敦大学的医学考试，在解剖学及生理学两个科目上都取得优等的成绩，不过却因为年龄太小而没能获得内外科医学院的入学资格。由于无法继续入学深造，赫胥黎便早早地进入了社会。他前往英国海军谋职，获得了即将前往托勒斯海峡进行探勘任务的响尾蛇号军舰驻舰外科医官的职位，进行了4年的随船航行。赫胥黎在此期间完成了多项科学研究，1849年在英国皇家学会《哲学会报》上刊登的《论水母科动物的解剖构造及其间的亲属关系》是这段研究历程中的重要成果之一。在这篇文章中，赫胥黎将水母体、水螅体及桧叶螅体合并为一纲，并将其命名为水螅纲。他发现此纲生物的共同点是具有由双层膜所包围形成的中央空腔或消化道。这就是现在所称刺胞动物门的特征，他还把这个特征比作存在于较高等动物的胚胎中的浆液性和黏液性构造。1851年，赫胥黎随船返回英国，当选为皇家学会院士；翌年，被授予皇家勋章；1888年，被英国

① 赫胥黎. 赫胥黎自述：物竞天择，适者生存[M]. 陈可，译. 南昌：江西教育出版社，2012：2.

故居正门

皇家学会授予科普利奖章。自此他在科学界确立了一流博物学家的地位。在随着响尾蛇号航行的过程中，赫胥黎不但收获了名誉，也与人生中重要的伴侣——来自悉尼的亨利埃塔·希索恩小姐订婚。

此时的赫胥黎年仅26岁，却同时涉猎了解剖学与海洋生物学。他兴趣广泛，并能将兴趣变为研究专业，取得成就。他是一位博物学家，认为每个人都要尽可能广泛地涉猎各门学问，并且尽可能选择一门深入钻研。他同时也是一位教育家，关心人才的成长，主张自由教育，反对机械式地培养学生。在他的演讲中，留下了这样一段至今听来仍掷地有声的话语，他说："在各种建筑以令人吃惊的速度出现的今天，我很高兴看到大量的教育基金能够注入仅仅还处在初级阶段的砖头和砂浆中，并不遗余力地助其发展。伟大的勇士将其遗体归于荒漠，称为和平。受托人建造了一座宫殿，称为大学。"①

服膺科学

赫胥黎对生物科学终身保持着兴趣和探索，不断追求真相、真谛和真理，他曾言："那些曾经被传统偏见蒙蔽双眼的智者将会在低微的仓库里发现人类无穷潜力的最好证据，也会从过去的不断进步中发现对更加高尚的未来抱有坚定信念的合理依据。"

① 赫胥黎．赫胥黎自述：物竞天择，适者生存[M]．陈可，译．南昌：江西教育出版社，2012：7-8.

故居内景

1851 年，在随船航行的工作结束后，赫胥黎计划寻找一份既与科学有联系，又能养家糊口的工作，却屡屡碰壁。在他事业最黑暗的时候，他的未婚妻希索恩小姐一直写信劝慰并予以精神支持，使赫胥黎选择科学研究作为职业的信念也更加坚定。他在写给希索恩小姐的信中曾说：“不管我们的分别有多么痛苦，如果一个男人放弃了他生命中最珍爱的目标，那么这种痛苦将会伴随我们多年，且更甚于我们的分别之痛。”他勉励自己：“如果一个人对生活充满热情，对自己有信心，且以平和的心态面对这一切，那么前方的道路对每个人都是公平的，困难既不会增加也不会减少。”[①] 事实证明，这份坚持与磨砺是值得的。1854 年，赫胥黎被矿产国立学校聘用为终身讲师，也被圣托马斯医学院与爱丁堡大学聘用为讲师。其后，他以科学教师的身份参加了原始调查、自然历史博物馆的建设等工作。对于地方性博物馆的建设，赫胥黎提出：“地方性博物馆如果能得到有效的管理，那将让当地居民和旅游者了解到他们所想知道的一切，同时还具有极高的科学价值和意义。然而谁又愿意用

① 赫胥黎. 赫胥黎自述：物竞天择，适者生存 [M]. 陈可，译. 南昌：江西教育出版社，2012：3.

冗长而又无意义的文字来描述那些来自新西兰俱乐部的木屋、印度人的神像、鲨鱼的牙齿、猿猴、蝎子以及海螺壳呢？事实上这比没有还要糟糕，因为这反倒会诱导那些粗心懒惰之人妄图通过这些东西来了解自然科学，从而忽视了在他们眼皮底下的那些日常科学。他们真正想知道的是他们‘美洲的祖先曾经生活在这里’或‘威廉·梅斯特用过这个东西’。”① 不难看出，赫胥黎在地方博物馆设立的初衷、带来的利弊等方面均进行了严格的考量，在他心目中，科学是崇高无上的，而若利用不恰当，就会冲淡它的价值，也会与民众的日常需求产生矛盾。这是赫胥黎作为生物科学家展现出的富有人文关怀的一面：充分考虑科学与人民日常生活的联系，注重双方的互补促进，真正让科学发挥它应有的价值，让百姓受到应有的教益，只有如此，才是为人造福的科学，才是人类真正需要的科学。

1855 年 7 月，在工作问题解决后，赫胥黎兑现了自己的诺言，与希索恩小姐结婚。为了这一天，他足足等了八年之久。在这八年的等待与不懈坚持中，希索恩小姐给了他继续前行的勇气和信心，共患难的忠贞爱情在此刻终于迎来了圆满的结局。这也使赫胥黎明白，人生中遇到的挫折不计其数，但只要坚持，困难总会过去。他在给姐姐的信中这样写道：“人的一生总有一个合恩角，要么助你渡过难关，要么让你一蹶不振。感谢上帝，我想我已经度过了人生中最黑暗的时期，尽管过程充满了艰难困苦，但这一切都将风吹云散。”② 乐观积极的态度伴随了赫胥黎的一生。晚年的赫胥黎体弱多病，身体上的病痛曾一度使他停止工作，养病期间的经济状况也不容乐观。但正因乐观开朗的态度，他的病情开始缓和，并撑过了危险期，身体重获健康。不久他又马不停蹄地投入到科学工作中去。

---

① 赫胥黎. 赫胥黎自述：物竞天择，适者生存 [M]. 陈可，译. 南昌：江西教育出版社，2012：4.
② 赫胥黎. 赫胥黎自述：物竞天择，适者生存 [M]. 陈可，译. 南昌：江西教育出版社，2012：4.

1869年年底，达尔文的《物种起源》正式出版，随即在英格兰引起轩然大波。达尔文给伦敦矿物学院地质学教授赫胥黎寄去此书，赫胥黎读完后认为，这是一本划时代的杰作，必将在科学界引起一场科学思想的深刻革命。当然，他对于《物种起源》中的观点也并不是全部赞同，但总体来说他是赞赏支持的，所以才会毫不犹豫地站在达尔文一边。他告诉达尔文，他将全力以赴地投入这场捍卫科学思想的大论战，并公开宣布：我是达尔文的斗犬，为了自然选择的原理，我准备接受火刑，如果必要的话。此后赫胥黎一直站在宣传进化论的最前线，人们这样评价他：如果说进化论是达尔文的蛋，那么，孵化它的就是赫胥黎。进化论的出现首先引起了教会的反对。在当时的英国，“目的论”主宰着人们的思想，“目的论”认为人是上帝创造的，一切生物都是上帝按照一定目的创造出来的。为了引导人们相信真理，崇尚科学，一场哥白尼式的革命悄然开始，科学与教会针锋相对，争辩论战，其中最著名、最有影响力的，便是那场以赫胥黎为主角的“牛津大辩论”。

1860年6月30日，英国科学促进会在牛津大学图书馆召开年会，与会者七百余人。这场年会的不同寻常之处在于，不仅有英国科学界知名人士到场，教会人士也一同参加，现场气氛颇为微妙。此时正值达尔文的《物种起源》发表不久，教会人士斥责进化论为荒谬学说，认为人与猩猩不可能联系甚密。而英国科学界人士之中也不乏偏向教会言论者，认为进化论学说过于标新立异，论证的证据也不甚充足。因此，赫胥黎要想为进化论学说赢得一席之地，困难是双重的。年会当天，达尔文因生病未能出席，但是自称为“达尔文的斗犬”的赫胥黎却神态自若地游走于会场之中，他时而与熟识好友攀谈，时而和学院同事交流讨论，似乎并未注意到在场宗教人士愤懑的目光。这种平静并未维持多久便被教会人士率先打破，以牛津大主教塞缪尔·威尔伯福斯为首的教会一方以《圣经》为武器，维护“目的论”学说，对赫胥黎一方所支持的进化论学说嗤之以鼻，公然斥责，由此引发双方激烈的辩论。威尔伯福斯抢先攻击进化论，随后以谩骂的口吻说：“坐在我对面的赫胥黎先生，你

故居内景

是相信猴子为人类祖先的……那么请问你，你自己是由你的祖父还是你的祖母的猴群中变来的？”此时，赫胥黎缓慢而又从容不迫地站起来说道：“我过去说过，现在再说一次，一个人没有任何理由因为他的祖先是无尾猿而感到羞耻。我感到羞耻的倒是这样一种人：他惯于信口雌黄，并且不满足于他自己活动范围里的那些令人怀疑的成就，还要粗暴地干涉他根本不理解的科学问题。所以他只能避开辩论的焦点，而用花言巧语和诡辩的辞令来转移听众的注意力，企图煽动一部分听众的宗教偏见来压倒别人。这才是真正的羞耻啊！”① 听众对赫胥黎精彩的回击报以热烈的掌声。接下来，进步学者们又用事实证明了主教本人对进化论和人类起源问题的无知，甚至连植物的基本常识都不知道。大主教再也没有辩论的勇气，偷偷地溜出了会场。这场辩论之后，进化论迅速传遍了欧美各国。

赫胥黎对达尔文的支持不是缘于友情，而是出自服膺科学的真知。在公开支持达尔文之前，他做了大量的实验，科学论证了猩猩的脑部解剖与人类具有极高的相似性，也正是这种对真理的坚持，使他成为终身捍卫达尔文的斗士，以科学真理为评判标准，同愚昧无知相抗争。为了直面进化论带来的非议，赫胥黎写下了人生的第一本书《人类在自然界中的位置》。在书中，他用了非常华丽的辞藻来描述进化如何影响人类

① 张秉伦，郑土生．达尔文[M]北京：中国青年出版社，2008：261．

在地球上的未来。他曾说："那些曾经被传统偏见蒙蔽双眼的智者将会在低微的仓库里发现人类无穷潜力的最好证据，也会从过去不断地进步中发现对更加高尚的未来抱有坚定信念的合理证据。"① 有朋友曾警告赫胥黎，《人类在自然界中的位置》的出版会极大地损害赫胥黎的名誉。赫胥黎知道自己的观点将会使那些从小接受传统教育的人感到迷茫和痛苦，但他仍选择勇敢地阐述真理，哪怕自己的名誉受损。他在自传中说："对于科学所能带给我的名望，我本可以抱有任何合理和不合理的野心。正是为了上述意图，我才使这种野心服从于另外一些目的，即投身于科学的普及、科学教育的组织和发展，以及参加与进化论有关的无休止的大小论战，坚决反对教会主义精神和教权主义。无论是在英格兰还是其他地方的，无论是属于什么教派的，都一概反对，因为它们都是与科学势不两立的敌人。"② 进化论为赫胥黎带来的谩骂远多于声誉，但他依然不改为之辩护的初心，在后续大大小小的论战与演讲中，赫胥黎都极力向人们讲解其正确性。对 19 世纪的人们来说，进化论宣扬人与猩猩亲缘关系最近，这意味着人类自甘堕落。一个牧师曾说："汝等所谓的科学人士，让我们的祖先留在天堂，让你们的祖先去动物园吧。"③ 知名作家卡莱尔在街头遇见赫胥黎，对赫胥黎嘲讽一番，接着拂袖而走。卡莱尔是赫胥黎非常钦佩的一位作家，他的作品对赫胥黎有很大影响，但他同样对于先进的科学论断抱有偏见。以卡莱尔为代表的知识分子尚且如此，更何况是普通人。但即便如此，赫胥黎也未放弃对进化论的宣传，并终身为之正名。1893 年，68 岁高龄的赫胥黎在牛津大学作题为《进化与伦理学》的著名演讲，仍然就进化论问题展开详细的说明，并且对进化论做出了延伸。赫胥黎认为在自然演化的过程中，宇宙过程的自然

---

① 赫胥黎．赫胥黎自述：物竞天择，适者生存[M]．陈可，译．南昌：江西教育出版社，2012：5.

② 赫胥黎．赫胥黎自述：物竞天择，适者生存[M]．陈可，译．南昌：江西教育出版社，2012：36.

③ 赫胥黎．赫胥黎自述：物竞天择，适者生存[M]．陈可，译．南昌：江西教育出版社，2012：14-15.

力量与伦理过程中的人为力量会相互激扬、相互制约、相互依存。他对于生物发生、生物进化也做出了科学的解释：摆在人类面前的路，就是通过不断的斗争，维持和改进一个有组织的社会的“人为状态”，从而与“自然状态”相对抗。在这种社会中并通过这种社会，人类也许能够发展出一种有价值的文明，使人类能够维持下去并不断地自我改进。这被后世认为比达尔文的《物种起源》又迈进了一步。1897 年，中国的近代启蒙思想家严复摘选《进化论与伦理学》的一部分译为《天演论》，将科学的火种传入遥远的东方国度。可以说，赫胥黎对科学用尽了一生的心血。

献身教育

赫胥黎家族在英国称得上是最有学问的家族之一。从托马斯·亨利·赫胥黎开始，这个家族就不断走出蜚声世界的名人。赫胥黎本人是一个教育家，对家庭教育十分用心。更难能可贵的是，赫胥黎不只对自己子女的教育非常细心和用心，对英国普通学生的教育也尽心竭力。他提出的很多教育想法和建议在今天看来都有很大的应用价值。赫胥黎的教育理念可以从他的自传与书信集中得到较为清晰的展现。赫胥黎“献身教育事业时，他会对那些间接获取知识的途径感到异常生气”，所以他更主张学生自己动手，从实践中获取知识。在高等院校担任大学讲师时，赫胥黎曾提出要建立多个科学实验室供学生使用，学校要为学生提供基础直观的实验训练，让学生享受到更为严谨精确的初级训练。他常常抱怨那些进入医学院学习的学生“总是习惯只从书本或讲课中学习知识，自己动手获取第一手知识对于他们来说是从未接触过的领域”[①]。因此赫胥黎亲自带头实验，并向学院教师们推广这种做法。

① 赫胥黎．赫胥黎自述：物竞天择，适者生存 [M]．陈可，译．南昌：江西教育出版社，2012：5.

故居院门

1868年，赫胥黎接连发表了《自由教育》《论白垩》和《生命的物质基础》三篇有代表性的论文，在提倡科学和改革教育方面发挥了很好的作用。《自由教育》是他多年教育思考的总结。赫胥黎提出学校要注重教育的实用性，主张加强科学教育在学校教育中的地位。他提出要将科学教育纳入整个学校的教育体系之中。注重科学与教育的联系，这种观点不仅在《自由教育》中出现，也体现在赫胥黎此后发表的多篇文章、公共讲演稿中。比如，在《科学与教育》一文中，赫胥黎就指出："教育就是在自然规律方面的智力训练，这种训练不仅包括了各种事物以及它们的力量，而且也包括了人类以及他们的各个方面，还包括了把感情和意志转化成与那些规律协调一致的真诚热爱的愿望。"[①] 赫胥黎特别推崇德国大学教学与科研相结合的办学原则，赞扬"德国大学是'献身于科学研究和学术教育的学者'社团。它们并不是'为年轻人所设立的寄宿学校'，也不是牧师的神学院……它们是真正的'大学'，因为它们努力阐述和具体应用人类的全部知识，并为各种形式的学术活动提供机会"[②]。在教育方式上，赫胥黎

① 赫胥黎. 科学与教育[M]. 单中惠，平波，译. 北京：人民教育出版社，1990：159.
② 赫胥黎. 科学与教育[M]. 单中惠，平波，译. 北京：人民教育出版社，1990：75-76.

不满英国固守传统古典主义教育，主张崇尚科学自由的学术风尚。

除此之外，赫胥黎还特别强调学院教育之外的大众教育，他本人曾多次奔走演讲，并利用空闲时间为工人举办讲座（后来被称为“人民的演讲”）。赫胥黎在对工人演讲时常常说：“我想让工人阶级明白科学及其方式对于他们来说是伟大的真理，即物质美德是其他所有事物的基础，而且他们都是干净温和的一群人，并不是因为那些系着黑色或白色领带的人是这么告诉他们的，而是因为他们必须遵守一些显而易见的‘规章和法律’。”[①] 此外，他还为女性和孩子分别讲授生理知识和初级科学，他认为所有的教育需要向大众敞开，这样每个人才知道自己在每个阶段的情况。

为了给孩子们提供良好的教育，赫胥黎不顾身体的病痛折磨，申请成为伦敦学校委员会成员。他的直接目的是让孩子们将书本学习和相关的自然知识联系起来。格拉德斯通教授在委员会谈到赫胥黎的信念和目的时也说：“他坚决反对学校只是为教堂培养会众或为工厂提供工人这一观点。他是以孩子的朋友这一身份在委员会里工作的。他所做的一切都是从孩子的利益出发，这让他的人生更加完整、真实且更有价值。”[②] 对于赫胥黎来说，科学与教育是密切相关的，也是平等的，人人都有贴近科学接受教育的权利。赫胥黎提倡科学教育、自由教育，让大众通过科学初级训练井然有序，更好地实现个人价值。

1876 年，赫胥黎受邀前往美国并在约翰·霍普金斯大学发表公共演讲，他向美国民众传达的首要信息仍然是教育。他说：“就其本身而言，我不得不说你们国家的面积和物质资源给我留下了深刻的印象。光有面积不能造就雄壮的景色，只有领土也无法成就一个民族。而现在最

① 赫胥黎. 赫胥黎自述：物竞天择，适者生存 [M]. 陈可，译. 南昌：江西教育出版社，2012：4.
② 赫胥黎. 赫胥黎自述：物竞天择，适者生存 [M]. 陈可，译. 南昌：江西教育出版社，2012：6.

重要的问题就是你们将如何利用这些优势条件？”[①]如今这段话依然余音在耳，赫胥黎对大学教育培养人才重要性的认识，在今天看来仍然具有很大的借鉴作用。

走向行政

成名之前，赫胥黎便一直将很大的精力投注于科研事业、教学工作以及向大众普及基础科学知识等工作，并安排了许多公共演讲。成名之后，赫胥黎的工作量加大，这使他原本疲弱不堪的身体进一步透支。1872 年，赫胥黎因身体状况不佳被迫停止工作，专注于休养身体。休养的这段时间，赫胥黎与妻子游历了地中海与埃及，其后又在朋友的资助下与英国著名植物学家约瑟夫·胡克爵士游览了奥弗涅火山群。旅行使赫胥黎的身体逐渐好转，不管是底蕴深厚的人文景观还是风景秀丽的自然景致，都令赫胥黎感到身心愉悦。在旅途中，赫胥黎写下了很多幽默风趣的书信，其中还配有不少自己精心拍摄、剪裁的异国风景的图片。他在罗马停留时看到了古罗马的墓穴遗址，就在给友人寄去的信件中兴奋地写道：“我现在对古罗马越来越了解了，对那些墓穴也越来越熟悉。这些墓穴是我研究古罗马基督教的很好的素材，有助于追溯到古代教堂的体制。”但念及自己虚弱的身体，笔锋一转，又伤心地写道：“如果你不去看看，那对你的神智是一种折磨；如果你去了，那对你的背部和腿脚又是一次挑战。”[②]赫胥黎虽然身体虚弱，但精神上一直保持着乐观：“我并不喜欢被人悉心照料着；但当佩蒂将他的猪安置在木屋最好的角落时，我觉得我也应该把自己看成是一头有价值的家禽，好好照顾自己，

---

① 赫胥黎. 赫胥黎自述：物竞天择，适者生存[M]. 陈可，译. 南昌：江西教育出版社，2012：243.

② 赫胥黎. 赫胥黎自述：物竞天择，适者生存[M]. 陈可，译. 南昌：江西教育出版社，2012：9.

赫胥黎故居（英国伦敦）

其他什么的就别再提了。”① 同样他给孩子写的一封关于宠物的信在今天读来同样令人忍俊不禁，从中可以感受到赫胥黎的顽皮与可爱：“我希望你能认真地与 M（原文已无法辨认）谈谈，她对奥利弗很不好。我看到过很多比他更可爱的小猫咪，但是在破坏性方面很少有比他更有活力、更有干劲的了。刚才他又抓坏了某样东西，M 说那是价值 13 先令 6 便士的东西，他把它差不多刮得只剩下一堆渣子。M 因此把他赶出了客厅，同时还剥夺了他在我房子里接受高等教育的机会。”② 类似的描述还有很多，为我们呈现了这个严肃谨慎的生物科学家截然不同的另一面：活泼风趣、童心未泯。

随着身体渐渐康复，工作便接踵而至，不过晚年的赫胥黎工作重心开始由科学研究转向行政工作，他担任的最重要的一个职务是渔业观察

① 赫胥黎. 赫胥黎自述：物竞天择，适者生存 [M]. 陈可，译. 南昌：江西教育出版社，2012：9.
② 赫胥黎. 赫胥黎自述：物竞天择，适者生存 [M]. 陈可，译. 南昌：江西教育出版社，2012：10-11.

员，而第二重要的职务则是皇家学会主席一职。在谈到赫胥黎对皇家学会的贡献时，约瑟夫·胡克爵士写道："这个职位事务繁杂而又责任重大，这其中包括参加学者协会、议会、学院委员会和小组委员会举办的各种会议，以及监管发表在《哲学会报》上的所有与生物学课题有关的印刷品和插图。而后一项职责则涉及与作者进行漫长的交涉，而且也需要工作人员、图书馆和管理人员的共同监督。"[①] 即便有如此繁忙的工作，赫胥黎依旧没有放下他一生从事的科学事业，最为重要的就是 1886 年他与英国政治家格拉德斯通关于创世说之解释的论争。赫胥黎极力主张用科学眼光看待神学，反对野蛮的遗风和拙劣的思想，他痛斥用神学迷惑群众的头脑。赫胥黎陆续写了大量关于政治、宗教和科学的文章，很多文章收录在《争议的话题》合集中。这些文章所传达的观念，即不要用模糊的理论和尚未成形的结论阐释事物的本质。赫胥黎一直推崇的是科学的实验与严谨的证明，并且呼吁每个人为自己心中的真理呐喊，主张人们要有自己的判断标准，并能大胆地为自己信奉的主张辩护。赫胥黎曾说，如果他将为世人所铭记，他希望自己首先是以"帮助人们真实地思考，正确地生活"的声誉流传于世。

1895 年 6 月 29 日，赫胥黎静静地去世了。在面对死亡时的从容和镇定一如他面对生活的态度，这一点可以从他妻子为他写的墓志铭上得以体现：

> 不要难过，汝等哭泣着、等待着的心灵；因为他仍然安然入睡，而最好能一直这么安详地睡下去。[②]

从小屋向外看去，太阳已收起最后一道光束，夜幕降临，星光亮起。院内草树相依，虫鸣阵阵，更衬出小屋的宁静与祥和。屋内的灯光仍然

---

① 赫胥黎．赫胥黎自述：物竞天择，适者生存[M]．陈可，译．南昌：江西教育出版社，2012：327.

② 赫胥黎．赫胥黎自述：物竞天择，适者生存[M]．陈可，译．南昌：江西教育出版社，2012：10.

静静地亮着，我们仿佛依然能够看到往昔赫胥黎伏案工作的身影。让人感怀的是，当年儿孙绕膝，转眼已是百年。诸子成材，延续了几代的赫胥黎家族，辉煌犹在。当年赫胥黎所坚守的真理，如今已常驻万千人民的心灵，如漫天的星光一样，指引人类前行。赫胥黎的科学思想对 19 世纪英国的科学发展具有重大的现实意义，他一直致力于科学思想的传播，在高等院校中普及科学教育，在普通民众中传播自由思想，对当时英国的科学界、教育界做出了很大的贡献。他将其科学思想运用于道德哲学领域，对伦理学也产生了一定的影响，引发了后人的讨论和思考。

那一路科学求真求实的态度，拳拳赤子的情怀，注定是永久难忘的所在。

（撰稿：李晓晓）

参考文献

赫胥黎. 科学与教育 [M]. 单中惠，平波，译. 北京：人民教育出版社，1990.

赫胥黎. 生平和书信集 [M]. 单中惠，平波，译. 北京：人民教育出版社，2005.

赫胥黎. 进化论与伦理学 [M]. 宋启林，译. 北京：北京大学出版社，2010.

赫胥黎. 赫胥黎自述：物竞天择，适者生存 [M]. 陈可，译. 南昌：江西教育出版社，2012.

列宁. 列宁全集 [M]. 中共中央马克思恩格斯列宁斯大林著作编译局，编译. 北京：人民文学出版社，1984.

马克思. 马克思全集 [M]. 中共中央马克思恩格斯列宁斯大林著作编译局，编译. 北京：人民文学出版社，2002.

张秉伦，郑土生. 达尔文 [M] 北京：中国青年出版社，2008：261.

麦克斯韦

漫步在苏格兰首府爱丁堡的街头，你会被一尊尊雕像吸引而驻足观赏。它们当中有你在历史书上认识的古典经济学家亚当·斯密，有你喜爱的历史小说家沃尔特·司各特，还有写作《人性论》的著名哲学家大卫·休谟。而在乔治街的尽头，矗立着一尊面容平静却若有所思的雕像，他手里拿着一个圆盘状的物品，身边的宠物狗仿佛也能够感受到他的沉思，静静地趴伏着，这就是麦克斯韦，伟大的物理学家、数学家。他手里圆盘状的东西，就是他发明的比色环。他是电磁学的集大成者，是一位勇攀科学高峰的天才科学家。

1831 年 11 月 13 日，詹姆斯·克拉克·麦克斯韦出生在爱丁堡印度街 14 号一栋普通的四层小楼上。这样的小楼在印度街上比比皆是，若不仔细看门牌，很难辨认出哪一栋才是麦克斯韦的故居。这栋小楼就像它的主人一般，静默质朴，不事张扬。

时光流转，庭院里的圆形喷泉依旧汩汩流淌，花开花落，草木枯荣，只有灰白的砖石墙面和台阶上浅青的苔藓默默诉说着岁月的流逝。麦克斯韦就是在这里度过了他青少年的求学生涯。

麦克斯韦雕像（苏格兰爱丁堡）

而麦克斯韦度过一生中大部分时间的格伦莱尔庄园，已在一次意外的大火中变为废墟。为纪念麦克斯韦对科学做出的巨大贡献，传递他淡泊名利、严谨治学的精神，爱丁堡成立了麦克斯韦基金会，并将印度街14号作为麦克斯韦基金会的场所，供来自世界各地的科学家交流学习，同时展览麦克斯韦珍贵的手稿、照片等。

或许你会因为纪念形式的简单而低估麦克斯韦的科学贡献，但一个人的成就高低从来不是用鲜花与掌声来评判的。麦克斯韦和他的贡献未被当时的大众熟知，一方面是他谦逊的性格使然，更重要的原因是，他的理论和思想已经超越他所处的时代。当他的理论被一一验证，被大众所熟知并接受时，他已溘然长逝。如果没有麦克斯韦，赫兹或许不能探测到电磁波，也不能成为电磁波之父；如果没有麦克斯韦，马可尼可能无法发明无线电报；如果没有麦克斯韦，爱因斯坦也许找不到比场理论更好的途径来阐释他的相对论。甚至有人这样评价麦克斯韦："稍微夸大一点来说，如果你追溯现代物理学各个研究方向的源头，你就会发现起点都是从麦克斯韦开始的。"[①] 其实这样的评价并不夸张，麦克斯韦的贡献体现在我们生活的方方面面，除了以上提到的发明，飞机驾驶的控制系统、建筑设计上的倒易图和光弹技术都源于麦克斯韦。

麦克斯韦改变了人们的认识方式和思维方式，影响了整个物理学的

① 马洪．麦克斯韦：改变一切的人[M]．肖明，译．长沙：湖南科学技术出版社，2011：125.

发展。“他在物理学家观察世界的方法上发动了一场革命。正是他首先认为，我们看到的和感觉到的物体和力可能只是我们对潜在实体的一种有限的感知，我们无法感觉到潜在实体，但可以用数学来描述它。”[①]他关于能量形式的见解影响了量子理论的形成，他的麦克斯韦妖也被广泛应用于信息和计算机科学中。

如今，麦克斯韦的贡献已经越来越为人们熟知和认可，他的著作成为物理学的经典文献，广为流传。但他留下的遗产远不止在科学方面，他的精神品质同样深深鼓舞着一代代后学。英国著名的物理学家亥维赛曾这么评价他：“我们当中的一部分人在我们之后还会活着，他们或大或小地影响着整个人类和宇宙。这就是不朽的灵魂。灵魂有大有小……莎士比亚和牛顿的灵魂是惊人地大。这种人在他们去世后依然有美好的影响。麦克斯韦就是这种人当中的一个。他的灵魂依然会长久地活在更多人的心中，乃至在几百年后还像闪亮的恒星那样发出耀眼的光芒，这些恒星发出的光须好多年才能到达地球。”[②]麦克斯韦永不枯竭的好奇心和求知欲，敢为天下先的勇气和创造力，甘于平淡、谦逊、坚韧的科学品质都是他给后人留下的宝贵财富。

童年经历

在麦克斯韦出生之前，他的父母曾有过一个早夭的女儿。麦克斯韦的降临，让年近不惑的母亲弗朗西斯倾注了全部的爱。麦克斯韦的父亲约翰·克拉克是一名家境殷实的辩护律师，来自佩尼库克的克拉克家族。因为父亲继承了与克拉克家族关系密切的麦克斯韦家族的地产，“麦克斯韦”被加在他的姓氏中。尚在幼年的麦克斯韦就跟随父母移居到他

① 马洪. 麦克斯韦：改变一切的人[M]. 肖明，译. 长沙：湖南科学技术出版社，2011：125.
② 马洪. 麦克斯韦：改变一切的人[M]. 肖明，译. 长沙：湖南科学技术出版社，2011：130.

们家族的格伦莱尔庄园，在那里度过了他美好的童年时光。

格伦莱尔庄园坐落在苏格兰加罗维地区的一处山谷，这个山谷被当地人称之为“快乐谷”。那里草木葱茏，溪水潺潺，大大小小的湖泊如明珠般镶嵌在高低起伏、一望无际的丘陵之间。在这里，麦克斯韦与青蛙、水鸭、水鸟为伴，时常沉浸在对大自然的思考中。

麦克斯韦从小就展现出了成为科学家的最宝贵的潜质——好奇心。他对一切发光、发声或者运动的物体都充满了好奇，不停地提问为什么会这样。麦克斯韦总是在观察和思考后不断地向身边的大人们追问，直至他们哑口无言，不知如何应对。麦克斯韦的姑姑曾经感慨：“回答不出那么小的孩子提出的那么多的问题，真是有些让人下不来台。”[①]尽管麦克斯韦常常思考和追问一些古怪的问题，但父母从不干涉他探索世界的脚步，也从不武断地批评他的想法。

小麦克斯韦常常拉着大人们的手疯跑，在田野上，在溪水边，在树荫下，他探索的脚步好像永远不会停下。有一次，只有两岁的麦克斯韦发现只要拉下绳索，隔壁房间的铃铛就会敲出清脆的响声，后来他发现是绳索穿过墙壁上的小孔系在了铃铛上，就拉着父亲跑遍整个房间，激动地将小孔指出来让父亲看。

麦克斯韦的母亲弗朗西斯注意到了麦克斯韦与生俱来的天分，承担起麦克斯韦的早期教育。在维多利亚时代的英国，由母亲负责孩子的早期教育是很普遍的现象。在她的悉心教导下，麦克斯韦刚刚 8 岁就能够熟练背诵弥尔顿的诗歌，并培养起了对诗歌的兴趣，这成为他一生的爱好。

童年的一切似乎都如此美好，但不幸的事情还是发生了，麦克斯韦 8 岁时，疼爱并理解他的母亲因为胃癌去世了。从那之后，父亲和姨妈

① 萨根. 魔鬼出没的世界：科学，照亮黑暗的蜡烛 [M]. 李大光，译. 长春：吉林人民出版社，1998：428.

故居外大街

承担起了照顾和教育麦克斯韦的责任，他们为麦克斯韦请了家庭教师，希望能够好好培养他。但家庭教师粗暴地指责麦克斯韦行动迟缓且任性。父亲经过深思熟虑，解雇了家庭教师，并将麦克斯韦送到了爱丁堡公学。由此，小小少年的求学生涯便开始了。

因为常年生活在乡下的庄园里，刚入学的麦克斯韦由于口吃、口音浓重、穿着土气和性格内向，而被同学起了个很难听的外号——“傻瓜”。得益于上流阶层的绅士教育和温和的天性，尽管被同学捉弄和嘲笑，麦克斯韦也没有怨恨任何人。后来，麦克斯韦在一次忍无可忍的反抗中得到一个叫刘易斯·坎贝尔的男孩的帮助，两人由此成了一生的朋友，坎贝尔还成为麦克斯韦传记的作者。

爱丁堡公学为高年级学生学习数学和物理学提供了很好的条件，同时学校也教授大量的希腊文知识。让 12 岁的孩子掌握 800 个希腊文不规则动词，确实是一件很困难的事，尤其对本来就不善言辞且稍有些口吃的小麦克斯韦来说，更是个不小的挑战。背诵课文时，他在教室的窗户上画图以强化记忆，很快就能流利地背诵了。但是在那些调皮又厌学的孩子们眼里，麦克斯韦用废铜烂铁做实验，整天捣鼓些奇奇怪怪的东西，本来就不让人喜欢，再加上麦克斯韦的我行我素，更加让他们反感。因此在爱丁堡公学的前几年时间里，麦克斯韦忍受了许多欺凌，好在他天性乐观，这些经历并没有给他的成长留下阴影。

父亲很早就教会了麦克斯韦几何和代数，上学之后，父亲又时常给他“开小灶”，在同学们嬉笑打闹的时候，麦克斯韦就在教室里专心致志地研究父亲留给他的数学题。很快学校里学到的知识便不能满足麦克斯韦的求知欲了。父母对麦克斯韦的教育启蒙和学业支持，使得麦克斯韦保持了天生的好奇心和求知欲，这种宝贵的品质一直伴随着他，助他在未来的科学道路上披荆斩棘，攀登高峰。

初露锋芒

麦克斯韦成就颇丰。他在电磁学、光学和色觉研究、分子运动论、热力学、控制理论等方面都有杰出的贡献。然而这一切研究的基础，全都来自他在数学方面的学习和研究。就像文学家用诗意的语言描绘自然和人生，音乐家用音符抒发难以言明的情感，对麦克斯韦来说，数学就是他与世界交流的方式。在数学的世界里，一切现象都可以用方程组来表示。在我们目光所不及的抽象世界里，麦克斯韦凭借着他过人的天赋和勤奋，慢慢用数学语言构建出一座宏大瑰丽的物理学大厦。

由于麦克斯韦逐渐显露出在科学上的天分和热情，父亲开始定期带他去参加皇家学会和艺术学会的集会，在这种学术氛围的熏陶下，麦克斯韦进步飞速，并显示出致力于理论的推广和应用的科学追求。

在一次集会上，当地的美术装饰者 D. R. 海提出了一种理论：“把艺术和美归结为数学原则。”① 麦克斯韦受到启发，便思考从数学角度来做出一个完美的椭圆，经过努力，他写出了论文《论有多个焦点的椭圆

① 周兆平. 电磁学集大成者：麦克斯韦 [M]. 合肥：安徽人民出版社，2016：88.

曲线的画法》。父亲将论文转交给詹姆士·福布斯教授评阅，教授在回信中对麦克斯韦给予了很高的评价：“我认真看了你儿子的论文，我认为他极其聪明智巧，因为就他的年龄来说，实在令人惊奇。”[①]爱丁堡皇家学会称麦克斯韦的方法“简洁优雅”，值得在他们的会议论文集里出版。虽然这篇论文在难度和技巧上并没有超过一个优秀中学生的能力，但是这篇论文的重要性却不能低估，它是麦克斯韦科研道路的起点，也展现了麦克斯韦在理论推广与应用方面的能力和意愿，这正是许多优秀的科学研究的特点。麦克斯韦不是高斯、莫扎特那样的神童，他的天分是在不断学习、选择和训练中逐渐培养起来的。

完成了在爱丁堡公学的学业后，17 岁的麦克斯韦告别了中学的古板教育，远离了那些欺负他的同学，来到爱丁堡大学，开始专心研究他所喜爱的数学、物理、天文等。在这里，麦克斯韦修习了威廉·哈密顿爵士的逻辑学和形而上学，福布斯教授的物理学和凯兰的数学等课程。哈密顿爵士和福布斯教授都对麦克斯韦早期的发展产生了巨大的影响，但是两人的思想和观念却截然不同。哈密顿爵士强调数学作为哲学研究基础的重要性，但轻视单纯的技能和操作；福布斯教授则强调技能的重要性，因为对于现代科技的应用和普及来说，技术是灵感与现实之间重要的桥梁。在哈密顿爵士的引导和启发下，麦克斯韦博览群书，保持了对基础理论的重视，同时更加深刻地思考科学本质的问题。而在福布斯教授的启发下，麦克斯韦也能以更务实的态度看待技术对于科研的重要性。这两位性格和学术观点不同，但都有真才实学的老师的教导，为麦克斯韦为日后的科研工作打下了坚实的理论和实验技能基础。

爱丁堡大学有着宽松的学习氛围，在这里，麦克斯韦阅读了大量书籍，也进行了各种实验，数学、物理、天文、哲学、宗教、诗歌，他无不涉猎。这使得他拥有了渊博的学识。麦克斯韦读书刻苦，用三年时间

① 周兆平. 电磁学集大成者：麦克斯韦 [M]. 合肥：安徽人民出版社，2016：88.

麦克斯韦故居（苏格兰爱丁堡）

修完了四年的课程。他在剑桥的朋友劳森曾这样评价他："麦克斯韦照例表现出自己了解谈论的每一个话题。我从未遇到过像他那样的人。我确实相信没有一个题目他不能谈论，而且谈得头头是道，总搬出些最稀奇古怪的见闻。"[①] 麦克斯韦 18 岁时又向爱丁堡皇家学会的会报提交了两篇论文。这时他的创造力开始进一步显现。为了进行更加深入的研究，他需要更加系统的数学训练，剑桥大学无疑成为他最好的选择。

随着麦克斯韦知识的增长和天分的显现，麦克斯韦的父亲开始忧心忡忡，他一方面为儿子在物理学和数学上表现出来的能力和勤奋的精神感到骄傲，另一方面却担心在当时的社会环境下，儿子无法找到被社会承认的职业，即便找到了，报酬也很低微。与这些相比，更让他不舍的是即将与儿子分别。这位谨慎保守的父亲，在失去妻子的十多年中，一直与儿子相依为命，感情深厚。但他终究是一位理解并深爱着儿子的父

① 埃弗里特．麦克斯韦 [M]．瞿国凯，译．上海：上海翻译出版公司，1987：10.

亲，最终决定将麦克斯韦送到剑桥大学深造。

故居外景

剑桥大学有英国最好的教育资源，麦克斯韦勤奋好学，进入剑桥大学是他求学生涯中最佳的选择。在剑桥大学前几个月的学习生活中，麦克斯韦明确了自己对于物理学的偏爱，从彼得学院转去了三一学院。剑桥大学一直坚持精英教育，麦克斯韦凭借着深厚的数学造诣成为威廉·霍普金斯私人班级的 15 名成员之一。霍普金斯在剑桥大学有“数学伯乐”之称，他的学生后来大多成为著名的数学家、物理学家。

在剑桥大学读书期间，麦克斯韦喜欢在深夜阅读和研究，养成了运动习惯的他经常凌晨 2 点在楼梯间上下奔跑锻炼，直至楼里的同学被他吵醒，向他提出抗议。这些古怪的表现仅是麦克斯韦的一方面，多数时候，大家还是认为他质朴友爱，从不矫饰。

1854 年，麦克斯韦从剑桥大学毕业，在数学学位考试中获得了一等及格者的第二名和史密斯奖的第一名（同劳恩并列）[①]，他申请成为三一学院的研究员。在此后的三年，麦克斯韦有更多的闲暇时间从事自己感兴趣的研究。

1855 年冬，刚刚留在剑桥大学的麦克斯韦便接到了父亲病情加重

① 参见埃弗里特．麦克斯韦 [M]．瞿国凯，译．上海：上海翻译出版公司，1987：13.

的消息。此前，麦克斯韦就已经照看了身患肺炎的父亲许久，为父亲做饭，请医生。在他的悉心照顾之下，父亲的病情有了好转。在此期间，麦克斯韦还完成了一篇论文的写作。

为了就近照顾父亲，第二年的2月，福布斯教授推荐他申请位于阿伯丁的马歇尔学院刚空缺的自然哲学教授职位。麦克斯韦的父亲也帮助他准备了推荐信，但还未办好相关事宜，父亲就离世了。为了减轻丧父的伤痛，他埋头于学术研究。1856年11月，麦克斯韦接受了马歇尔学院的教授职位，离开了剑桥大学。

天才教授

想象一下改善了我们日常生活的无线网络、彩色摄影、电子通信等科技，现代人的生活似乎已经一刻也不能离开它们。每当我们享受着科技进步给生活带来的便利时，常常会感谢那些为我们的生活带来巨大变化的科学家。但似乎很少有人能够像了解爱迪生和贝尔那样，了解麦克斯韦。

科学的高峰是需要一代一代的科学家踩在前人的肩膀上不断攀登的。贝尔的电话和莫尔斯的电报都是经过不断的试验和改进，才能够成为具有普遍使用价值的发明。而这条由灵感到现实的路，却是由最艰深最抽象的理论物理一步步铺就的，麦克斯韦就是这条路上最默默无闻，却也最令人敬佩的奠基人之一。

在阿伯丁的马歇尔学院，麦克斯韦主要讲授自然哲学，同时他还每周给当地的工人上15小时的科普课，并负责进行考试。这项公益事业，他一直坚持到1866年,其间还编写了适于工人理解和需要的教科书《热的理论》和《物质和运动》。尽管这会占用他的科研时间，但麦克斯韦还是乐此不疲，这缘于他长期的宗教信仰和对基督教社会主义运动的热心，同时也反映了社会已经意识到普及科学知识对于提高国民素质和推动生产力发展的重要作用。

此时，麦克斯韦还专注于研究土星环的性质。土星环能保持稳定而未裂解，并且能在土星周围，既未飘远，又未撞向土星，这在当时来说是一个谜。1859 年，麦克斯韦因论文《论土星环运动的稳定性》而获得亚当斯天文学奖。他证明了土星环既不是由固体的物质，也不是由气体的物质构成的，而是由大量的微粒状物质构成的。麦克斯韦的证明方法被认为是将数学用于物理学的成功典范。这一理论所运用的统计方法，在麦克斯韦后来的气体运动论中得到了进一步的发展。而麦克斯韦的理论预测在旅行者计划中被证明是正确的。

对于麦克斯韦来说，1857 年是一个重要的年份。他与马歇尔学院的校长丹尼尔·杜瓦牧师成为朋友，并由此结识了未来的妻子——杜瓦的女儿凯瑟琳·玛丽·杜瓦。麦克斯韦和凯瑟琳于 1858 年 2 月订婚，同年 6 月 2 日在阿伯丁结婚。虽然凯瑟琳并不研究数学，但她一直理解和支持麦克斯韦的科学事业，为麦克斯韦的研究提供了帮助。二人在婚后的生活中始终保持着真挚且专一的感情。

但是命运总是爱开玩笑，即便是有着非凡成就的麦克斯韦，也会遇到事业的滑铁卢。1860 年，马歇尔学院与邻近的阿伯丁国王学院合并成立阿伯丁大学。合并后，自然哲学教授职位就只有一个了。按照当时的惯例，学校合并之后，两个教授只留年轻的那一个人。麦克斯韦当时尽管在科学界已拥有一定的声望，又有年轻的优势，却意外地落选了。同时，詹姆士·福布斯教授因病退休，爱丁堡大学的自然哲学教授职位空缺，却被麦克斯韦的同学泰特捷足先登。但这些并没有让麦克斯韦灰心。最终，麦克斯韦得到了伦敦国王学院的自然哲学教授的职位。1860 年夏天，麦克斯韦与凯瑟琳启程，前往伦敦。

麦克斯韦在伦敦国王学院执教的这段时间，是他整个职业生涯中最辉煌的一个时期。他发现了电磁运动的规律，并用麦克斯韦方程表达了它，还制作出了世界上第一张彩色照片。1860 年，他因在色彩学方面的研究而获得皇家学会的拉姆福德奖章。这是一项由英国皇家学会授予的奖项，旨在奖励“对物质的热学或光学性质做出杰出新发现的在欧

故居正门

洲工作的科学家”。该奖由拉姆福德伯爵本杰明·汤普森于1796年捐赠5000美元而始创，于1800年首次颁奖，每两年颁发一次，奖金为1000英镑。1861年，麦克斯韦入选皇家学会。这之后，麦克斯韦还经常出席皇家科学研究院的公众讲座。在那里，他与迈克尔·法拉第定期交流，法拉第给了他许多启发，他们相互尊重并欣赏对方的才华。

值得一提的是，在电磁运动规律的发现和解释上，法拉第和麦克斯韦可谓互相成就。法拉第由于缺乏数学方面的素养，只能用抽象的语言描绘“场”的概念和理论，而这在物理学研究中是没有说服力的。所以尽管法拉第发现了电磁感应现象，但是受当时占统治地位的牛顿经典物理学思想的影响，人们也只认为这是一种瞬时性的现象。但麦克斯韦却能够运用数学进行表达，在很大程度上两人的研究是互补的，由于法拉第开创性的思考，启发了麦克斯韦从数理角度进行抽象的推演和计算。

甘于平淡

我们能够在威斯敏斯特教堂缅怀牛顿，可以在互联网上搜索到爱因斯坦吐舌头的照片，但是提起麦克斯韦，除了在课本上的一段介绍，似乎很难在大众领域中找到他的踪迹。也许是前两者的锋芒遮蔽了麦克斯韦，更由于麦克斯韦谦逊的品格和甘于平淡的人生态度，麦克斯韦拥有

麦克斯韦诞生于此处

如此高的学术成就却显得如此默默无闻。

麦克斯韦虽然性格羞怯沉默且从小稍有口吃，但他在讨论自己所感兴趣的物理问题时，就像是换了一个人一样，变得口齿伶俐，浑身散发着因灵感迸发而兴奋不已的光芒。大多数时候，麦克斯韦还是一副文质彬彬、温和寡言的样子，这样的性格并不招学生喜欢，只有极少数的优秀学生能够跟得上他跳跃的思路和简洁的语言。

1865 年，麦克斯韦辞去伦敦国王学院的职位，与妻子凯瑟琳回到了格伦莱尔庄园。此时，麦克斯韦才有时间整理之前的思想成果，著书立说。1873 年出版的《电磁学通论》就是麦克斯韦在隐居的这段时间写就的。麦克斯韦电磁学理论的正确性现在已被公认，而他将光与电磁学理论进行定量联系的创举，也被认为是 19 世纪数学物理最伟大的成就之一。

1871 年，麦克斯韦再次回到剑桥大学，成为卡文迪许实验室的首任教授，负责规划卡文迪许实验室的发展。他主持设计和兴建了实验室，为配置设备、培养人才、筹划实验花费了大量心血。卡文迪许实验室对整个实验物理学的发展产生了极其重要的影响，众多著名科学家曾在这里工作过。卡文迪许实验室也因此被誉为“诺贝尔物理学奖获得者的摇篮”。1872 年，在接受剑桥大学实验物理学教授的就职演说上，麦克斯韦说道：“就在不久以前，那些献身于几何学的人，或者从事具有持续的应用价值科学研究的人，还被看成是不愿进行社会交往的人，他们被看成是必定会放弃人类利益的人。他们沉湎于来自生命世界的抽象之中，他们的所作所为沉没于对他们具有巨大吸引力的并给他们带来快乐的事情和肩负的责任之中……现在，从事科学的人已经不再被人们用敬畏的或怀疑的眼光看待。他们可能被看成已经与这个时代的物质精神达到某种和谐统一，他们形成了知识分子中超前的激进一派。”① 作为该实验室的第一任主任，麦克斯韦呼吁加强实验物理学的研究，并强调其在大学教育中的作用，为后世树立了实验科学精神。

麦克斯韦晚年对于科学做出的贡献之一，就是编辑整理了亨利·卡文迪许所遗留下的实验资料。这在物理学家中是很难得的，整理文献材料不仅费时费力，耽误科学家自己的科研时间，同时又不能作为自己的成果进行发表。但这项工作对于总结前人经验，启发后人思考有着非常重要的作用。麦克斯韦这种淡泊名利，甘为他人作嫁衣的精神，也是一种可贵的品质，更值得世人尊敬。

1879 年 11 月 5 日，麦克斯韦因胃癌在剑桥大学逝世，享年 48 岁。麦克斯韦的坟墓位于苏格兰西南部罗门湖附近一个小型的教堂墓地中，距离他从小生活的地方不远。若不走近看墓碑上的字迹，恐怕谁也想不到这个小教堂竟有幸守护如此伟大的物理学家的灵柩。这位天才物理学家，生前身后都如他的性格一般默默无闻，但是他的成就却随着后辈科学家的不懈努力惠及全人类。

---

① 萨根. 魔鬼出没的世界：科学，照亮黑暗的蜡烛 [M]. 李大光，译. 长春：吉林人民出版社，1998：429.

集大成者

麦克斯韦是“物理学家们的物理学家和数学家们的数学家”[1]。牛顿、法拉第、爱迪生等人的成就和贡献可以用通俗的语言讲给人听，但是要通过通俗语言来解释用高度专业化的数学语言表达的麦克斯韦方程组和“场理论”,却很困难。麦克斯韦是一名现代意义上的物理学家和数学家，也是一名传统意义上的自然哲学家。他不仅教授过自然哲学的课程，还思考着宇宙的本源，进行复杂艰深的思维实验他的数学本体、场理论成为 20 世纪物理学发展的核心，因此他更是一名理论物理学家。物理学在实践中产生的效果使得人们日益加深了对科学技术的重视，同时物理学理论的发展也提高了人们对自然的认知水平。爱因斯坦曾高度评价麦克斯韦的杰出贡献：“在麦克斯韦之前，人们以为物理实在——就它应当代表自然界中的事件而论——是质点，质点的变化完全是由那些服从全微分方程的运动所组成的。在麦克斯韦以后，他们则认为物理实在是由连续的场来代表的，它服从偏微分方程，不能对它作机械论的解释。实在概念的这一变革，是物理学自牛顿以来的一次最深刻最富有成效的变革。”[2]

麦克斯韦从理论物理的角度，用严谨抽象的数学语言，构造了电磁学理论大厦的基石，将法拉第的发现变成了可以思考推演的“场”的理论，用数学公式表示了我们所无法感知但真实存在的事物。在这场超越认知和想象的实验中，人类思维的能力也发展到了一个新的境界。而我们现在得以享受的优越的物质生活，就是来自这一次次大胆的创新。

我们不应该忘记麦克斯韦为现代物理学的发展所做的突出贡献，也

---

① 周兆平. 电磁学集大成者：麦克斯韦 [M]. 合肥：安徽人民出版社，2016：1.
② 周兆平. 电磁学集大成者：麦克斯韦 [M]. 合肥：安徽人民出版社，2016：4.

不应该因为他羞怯谨慎、甘于平淡的性格而低估他的成就。麦克斯韦温和腼腆的外表映照着深沉的内心，这颗心里保存着来自童年的求知欲和孜孜不倦的探索精神，在攀向科学高峰的道路上，更成长为强烈的责任感和使命感，对知识的热情和信念指引着他为了人类的进步，不断开辟基础理论和实验科学的新境界。

（撰稿：叶冰冰）

参考文献

埃弗里特. 麦克斯韦 [M]. 瞿国凯，译. 上海：上海翻译出版公司，1987.

马洪. 麦克斯韦：改变一切的人 [M]. 肖明，译. 长沙：湖南科学技术出版社，2011.

萨根. 魔鬼出没的世界：科学，照亮黑暗的蜡烛 [M]. 李大光，译. 长春：吉林人民出版社，1998.

周兆平. 电磁学集大成者：麦克斯韦 [M]. 合肥：安徽人民出版社，2016.